天台宗総本山・延暦寺

天台宗の開祖最澄が建立した一乗止観院をルーツとする延暦寺の根本中堂。(写真提供：大津観光フォトライブラリー)

真言宗総本山・金剛峯寺

真言宗の開祖空海が開いた高野山の壇上伽藍。その中心である御影堂に読経する修行僧。（写真提供：アフロ）

浄土宗総本山・知恩院

知恩院の大梵鐘。毎年大晦日に鳴響く除夜の鐘は、僧侶17人がかりで撞かれる。（写真提供：アフロ）

曹洞宗大本山・永平寺

極寒の永平寺山門。永平寺での修行を望む者は、この門の前で取次ぎを行ない、最初の試練を与えられる。

臨済宗大本山・妙心寺

妙心寺の境内。山門・法堂・仏殿が一直線に並ぶ。

日蓮宗総本山・久遠寺

身延山久遠寺では、毎年本堂前の枝垂桜が咲き誇り、春を告げる。

浄土真宗本山・東本願寺（真宗本廟）

真宗大谷派の本山である東本願寺の報恩講。（写真提供：読売新聞／アフロ）

図説

一度は訪ねておきたい！

日本の七宗と総本山・大本山

永田美穂［監修］

青春新書
INTELLIGENCE

はじめに

仏教は、釈迦牟尼仏《しゃかむにぶつ》の教えであり、仏陀《ぶっだ》（悟《さと》られた方）である、この仏を尊敬して釈迦牟尼世尊《せそん》……略して「釈尊《しゃくそん》」と呼びます。

仏教の寺院、つまり〝お寺〟には、現代の日本でも数多くの宗派があり、その独自性は、長く歴史的・地理的に貫かれ、穏やかながら、各地の日常で親しまれています。

仏教の宗派は、インドで紀元前六～四世紀の仏陀誕生以来、その五〇〇年ばかりのちに早くも大きく二つに分かれました。一つは、仏教の内容や性格を戒律《かいりつ》など釈尊の在世《ざいせ》時代を重んじて、保守的に受け継ごうというもの。もう一つは、時代に応じた新たな解釈を加え、仏教を一般大衆に広めていこうとする方向です。この運動の違い、これが「宗派」の起源です。このうち、前者が「上座部《じょうざぶ》仏教」、後者が「大乗《だいじょう》仏教」と呼ばれ、その流れがそれぞれ分派しつつ、世界に広がりました。

日本の仏教は、このうち中国大陸経由で伝わった「大乗仏教」です。おおもとの釈尊の教えの本質をしっかりと保ったまま、その上で日本の自然風土や社会の変化に応じ、歴史的にその宗旨《しゅうし》の考えが深みを増し、多様化して積み重なり、現代の各宗派に至っています。

本書は、そうして日本で育まれた七つの代表的な宗派と、それを支える各地の総本山《そうほんざん》・大本山《だいほんざん》について、その全体の総合的な案内を試みたものです。

多くの「図解」や「一覧表」を用意し、各宗の教えの基本から、宗門《しゅうもん》を開いた師の誕生（開宗）、その後の宗派のたどった歴史などを解説する〝寺院ガイド〟であり、参拝・観光拝観のときの〝虎の巻〟でもあります。この「図解」付きの解説は、年代や世代を超えて歴史や地理文化をたどる資料ともなりましょう。

本書刊行の準備の作業を通じて、日本のお寺の多彩さに改めて驚かされました。それとともに、恵まれた我が国の豊かな精神文化の基調、その秘密がここにもあるのではないか、伝統的な寺院がこの多忙社会の日本に、今なお、なぜ数多くあるのか、その意義を深く考えさせるものでしたが、読者の皆様のご感想はいかがでしょうか。

仏教寺院には、入り口に立派な「山門《さんもん》」が多くあります。これがすなわち「仏門《ぶつもん》」であり、各「宗門」を象徴しています。ただ見栄《みば》え良い建築ではありません。「広大の慈門《じもん》を開き置けり」とお経《きょう》にいわれ、これは〝慈悲《じひ》の宗教〟仏教の根本精神を表わし、いつでも・どこでも・誰に対しても、広く等しく開かれているとの教えです。

山門に入る際、戻る際に門前で一歩立ち止まり、本堂《ほんどう》・本尊《ほんぞん》に向かって合掌《がっしょう》し一礼する習慣がありますが、これは山門を境にして仏陀・釈尊への「ご挨拶」にほかなりません。いよいよお寺（境内《けいだい》）に入ったら、まず中央の建物、「本尊」と「本堂（祖師堂《そしどう》・開基堂《かいきどう》）」をお参りします。

本書は、お寺を訪ねる前に読み、帰ってきてからまた読める、と何度でもお役に立ち、仏教各派に親しむ機会となれば大変光栄です。

永田美穂

図説 一度は訪ねておきたい！ 日本の七宗と総本山・大本山●目次

第六章　臨済宗の大本山　125

付章　その他の総本山・大本山　181

カバー写真提供／大津観光フォトライブラリー
本文写真提供／アフロ、Ｆｏｔｏｌｉａ、ＰＩＸＴＡ
図版・ＤＴＰ／ハッシイ

序章

日本の仏教と総本山・大本山

仏教宗派

日本の仏教にいくつもの宗派がある理由

●釈尊の教えから派生した十三の仏教宗派

今日の日本には、密教《みっきょう》系の天台宗《てんだいしゅう》と真言宗《しんごんしゅう》、浄土信仰の浄土宗《じょうどしゅう》・浄土真宗《じょうどしんしゅう》、禅《ぜん》系の臨済宗《りんざいしゅう》と曹洞宗《そうとうしゅう》、そして法華経《ほけきょう》信仰の日蓮宗《にちれんしゅう》など——この七つを含む大きく十三の仏教宗派が数えられる。

大もと（ルーツ）はひとつである仏教は、その誕生・発生（紀元前四～六世紀頃）から早くも四〇〇～五〇〇年過ぎる頃に、大乗《だいじょう》仏教と上座部《じょうざぶ》仏教のふたつに大きく分かれ、以後、教義の内容・性格に、考え方の違いが明らかになって、宗派の分裂が始まった。

当時の習慣として宗教的な真理の言葉（金言《きんげん》）は、決して文字化とするものではなかったから、釈尊《しゃくそん》の教えは弟子たちの暗誦《あんしょう》により「口伝《くでん》」として伝えられた。そのため、のち釈尊の入滅《にゅうめつ》直後から弟子たちが集まって師の教えを確認し合い、最初の仏典が編纂《へんさん》された。これを第一回結集《けつじゅう》という。しかし入滅後、百年も経つとさらに弟子たちの間で教えの解釈がへだたり、また修行方法を巡って意見の相違が生じるようになる。そこで二回

仏教の伝播

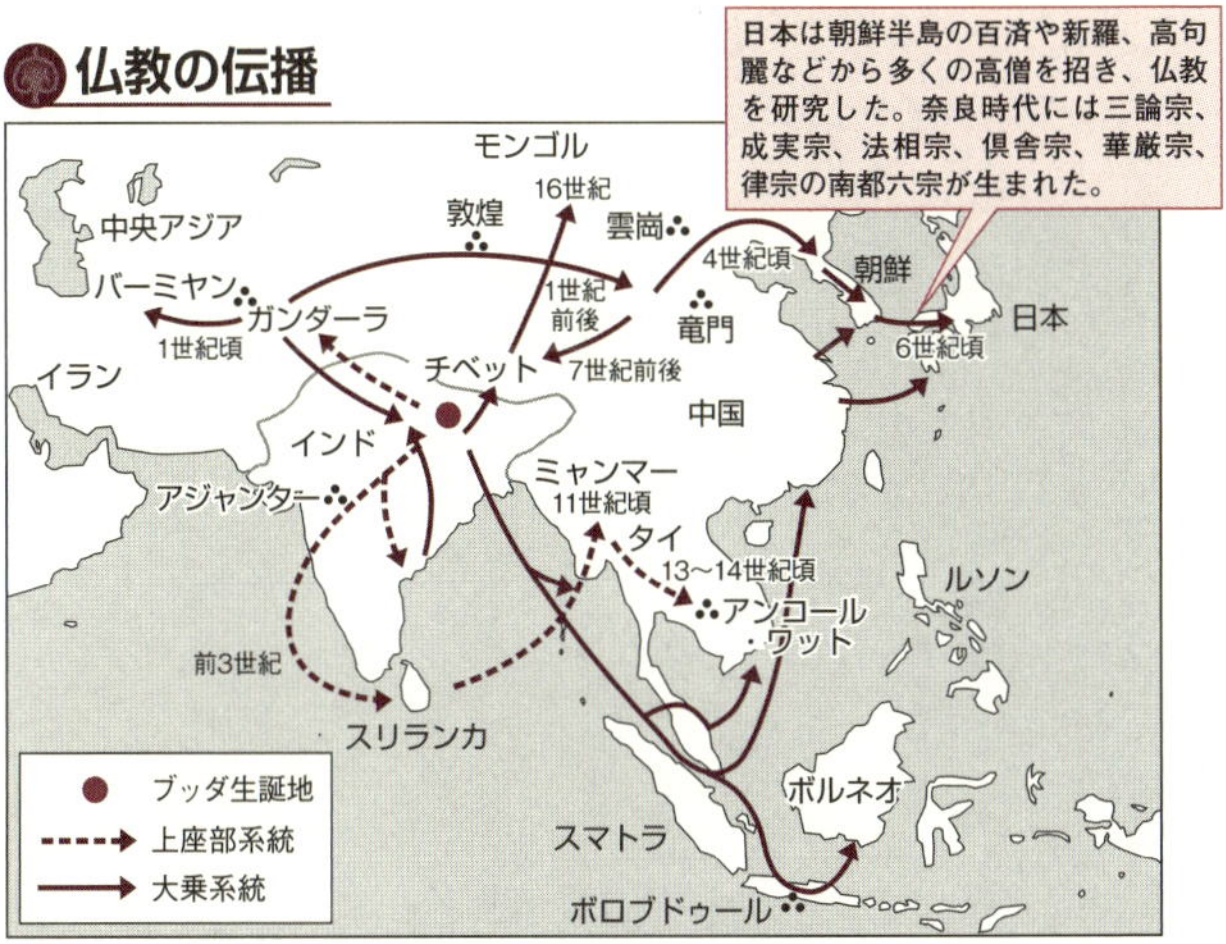
日本は朝鮮半島の百済や新羅、高句麗などから多くの高僧を招き、仏教を研究した。奈良時代には三論宗、成実宗、法相宗、倶舎宗、華厳宗、律宗の南都六宗が生まれた。
モンゴル
中央アジア
16世紀
敦煌
雲崗
4世紀頃
朝鮮
バーミヤン
ガンダーラ
1世紀前後
竜門
日本
1世紀頃
6世紀頃
イラン
チベット
7世紀前後
中国
インド
ミャンマー
11世紀頃
アジャンター
タイ
13〜14世紀頃
ルソン
アンコール・ワット
前3世紀
スリランカ
ブッダ生誕地
上座部系統
大乗系統
ボルネオ
スマトラ
ボロブドゥール

インドで生まれた釈尊の教えは大乗系統と上座部系統に分裂して各地へ伝わった。

目の結集が行なわれた結果、教団は釈尊の教えを厳格に守ろうとする保守派の上座部と、より柔軟に運用しようとする改革派の大衆部《だいしゅぶ》に分裂してしまう。これを根本分裂《こんぽんぶんれつ》と呼ぶ。以後、両部のなかで分裂が繰り返され、二十以上の部派に細分化されていった。

やがて出家者《しゅっけしゃ》のみの修学《しゅうがく》と解脱《げだつ》を目指す部派《ぶは》仏教への分裂が収まる頃、それに対立する形で、紀元前一世紀頃に多くの人を救いの対象として悟《さと》りへ導こうとする大乗仏教が生まれた。それが中国から朝鮮を通じて六世紀の日本に伝えられた。今日も日本の仏教は、大きくは大乗仏教の流れのなかに位置する。

仏教を受け入れた日本は、飛鳥《あすか》時代に仏教を国家統一の精神的支柱に据えると、のちの奈良時代には国家鎮護《こっかちんご》を祈願する国家宗教として位置づけた。この時代には華厳宗《けごんしゅう》、法相宗《ほっそうしゅう》、律宗《りっしゅう》など南都六宗《なんとろくしゅう》と呼ばれる六つの宗派が生まれている。さらに平安時代になると、唐《とう》で学んだ最澄《さいちょう》と空海《くうかい》により密教がもたらされ、天台宗と真言宗が開かれた。

●民衆のための仏教宗派が誕生

平安時代後期になると、「釈尊の入滅後一五〇〇年（または二〇〇〇年）にして仏法《ぶっぽう》が滅び、世が乱れる」という、末法《まっぽう》思想の影響が強くあり、それからの救いを求め、極楽往生《ごくらくおうじょう》を願う「浄土信仰」が育まれた。鎌倉時代から室町時代にかけてはこの浄土思想を土台に、それまで長く続いて次第に世俗化していた旧仏教と一線を画す、民衆のための融通念仏宗《ゆうずうねんぶっしゅう》、浄土宗、浄土真宗、日蓮宗、時宗《じしゅう》が生まれ、広く浸透していく。これらの宗派では信仰を拠りどころに信徒が団結する傾向が強く、戦国時代には各地で法華一揆《ほっけいっき》や一向《いっこう》一揆などを起こして既存の仏教や戦国大名に抵抗し自治的な集団を作るようになった。

一方で鎌倉、室町時代には中国から臨済宗や曹洞宗などの禅宗《ぜんしゅう》が伝えられていて、幕府の庇護《ひご》のもと発展。江戸時代には中国から黄檗宗《おうばくしゅう》も伝わって、禅宗は教義のみならず漢詩《かんし》や水墨画《すいぼくが》、庭園や書院造《しょいんづくり》、芸能などの様々な文化をもたらす役割を担った。

日本仏教の十三宗派

時代	宗	宗祖	開創年	総本山・大本山
奈良	法相宗《ほっそうしゅう》	道昭《どうしょう》	白雉4年(653)	興福寺・薬師寺
	華厳宗《けごんしゅう》	良弁《ろうべん》	天平12年(740)	東大寺
	律《りっ》　宗《しゅう》	鑑真《がんじん》	天平宝字3年(759)	唐招提寺
平安	天台宗《てんだいしゅう》	最澄《さいちょう》	大同元年(806)	延暦寺ほか
	真言宗《しんごんしゅう》	空海《くうかい》	弘仁7年(816)	金剛峯寺・東寺・根来寺ほか
	融通念仏宗《ゆうずうねんぶつしゅう》	良忍《りょうにん》	永久5年(1117)	大念佛寺
鎌倉	浄土宗《じょうどしゅう》	法然《ほうねん》	承安5年(1175)	知恩院ほか
	浄土真宗《じょうどしんしゅう》	親鸞《しんらん》	元仁元年(1224)	西本願寺・東本願寺・専修寺ほか
	臨済宗《りんざいしゅう》	栄西《ようさい》	建久2年(1191)	妙心寺・建仁寺・建長寺ほか
	曹洞宗《そうとうしゅう》	道元《どうげん》	嘉禄3年(1227)	永平寺・總持寺
	日蓮宗《にちれんしゅう》	日蓮《にちれん》	建長5年(1253)	久遠寺ほか
	時《じ》　宗《しゅう》	一遍《いっぺん》	文永11年(1274)	清浄光寺
江戸	黄檗宗《おうばくしゅう》	隠元《いんげん》	寛文元年(1661)	萬福寺

大乗仏教の流れを汲む日本の仏教は現在、主に十三の宗派に分かれている。

総本山と大本山

寺院を管理する本末制度

●僧院から寺院へ

仏教の拠点となる場所が寺院である。寺院の原型はインドの僧侶たちが修行生活を送った僧院《そういん》にあるとされ、僧院が信仰対象である祠堂《しどう》や仏塔《ぶっとう》を吸収して寺院となった。祇園《ぎおん》精《しょう》舎《じゃ》の名で知られる僧房《そうぼう》は、説法する釈尊とその教団のために建てられている。寺院内の建物群が伽藍《がらん》と呼ばれるのは、僧侶たちが修行する場を意味するサンスクリット語を音訳した「僧伽藍摩《そうぎゃらんま》」を略したものとされる。

日本における寺院の始まりは、六世紀末から七世紀中頃にかけての推古《すいこ》天皇の時代。大和《やまと》朝廷が仏教を保護すると、豪族《ごうぞく》が各地に私寺を建てるようになり、やがて推古天皇四年（五九六）、日本初の本格寺院である飛鳥寺《あすかでら》が、完成した。当初は釈尊を礼拝《らいはい》する場であり、僧たちの修行の場所であったが、日本では土着信仰、いわゆる神道《しんとう》の影響を受けて次第に祖霊《それい》を供養《くよう》し鎮魂《ちんこん》する場ともなっていく。

現在日本全国には八万近くの寺院があるといわれるが、一部を除いて必ずどこかの宗派

十三宗派のおもな総本山と大本山

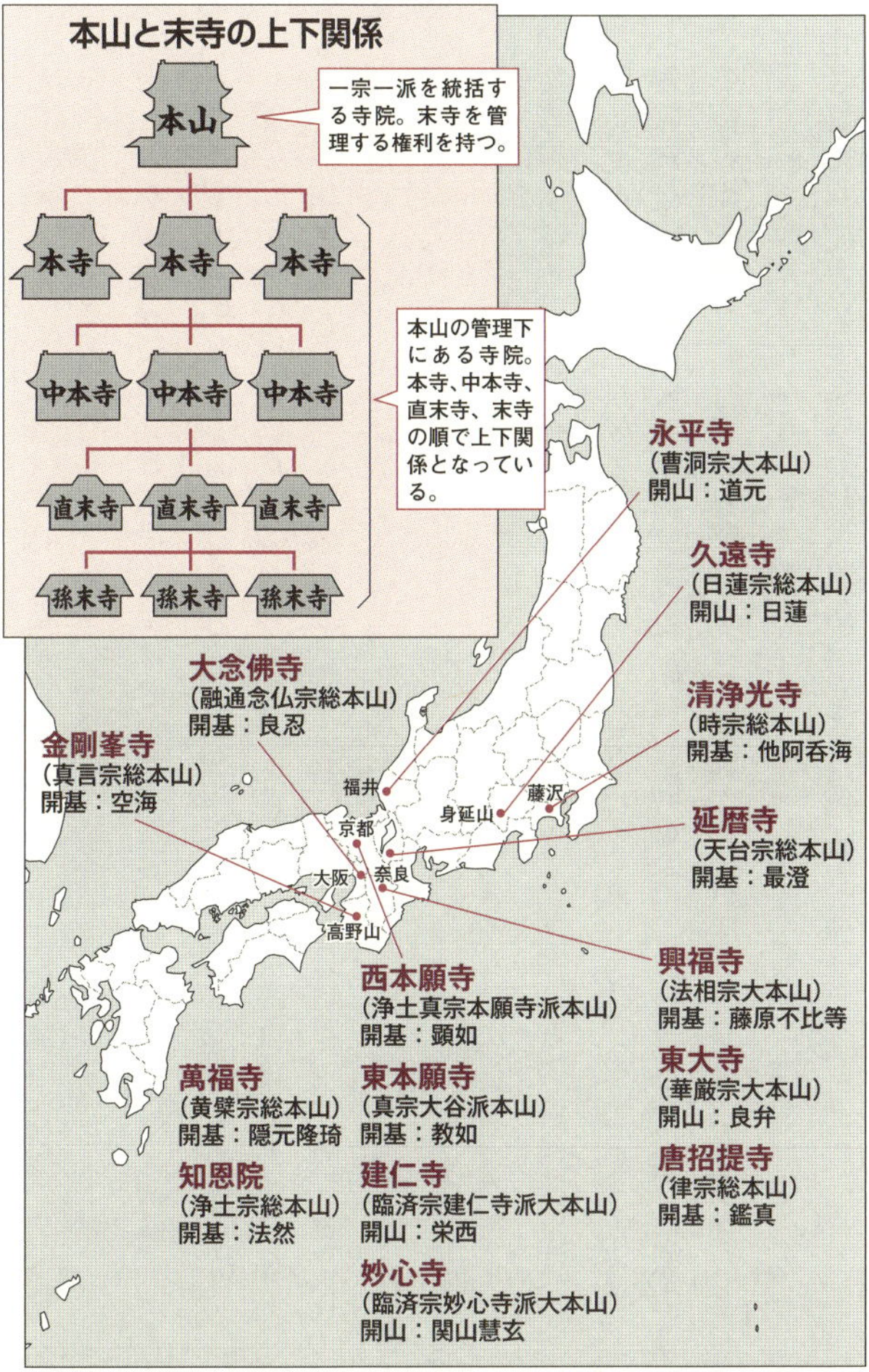

ひとつの宗のなかでもいくつもの派に分かれており、本山が複数ある場合もある。一般的に総本山はその宗派の起源となった寺院、大本山は宗祖ゆかりの寺院とされている。

に所属している。そうした寺々には、総本山《そうほんざん》や大本山《だいほんざん》、本山、末寺《まつじ》といった寺格ともいうべきランク付けがなされている。

総本山と大本山の違いは、まず総本山はその宗派の起源となる寺院である。一方の大本山は、祖師《そし》や開山・開基などに縁のある寺院を意味した寺院であり、いずれにしろ「本山」は宗派の頂点に立ち、末寺と呼ばれるほかの寺院を管理、統制する役目もある。

こうした本山と末寺の関係は本末《ほんまつ》制度と呼ばれ、江戸時代、幕府が寺院と庶民の管理統制を行なうため『諸宗諸法度《しょしゅうしょはっと》』を作り、整備したものだ。すべての寺院をどこかの宗派の管轄下に組み入れ、そのなかに上下関係を作りピラミッド型の支配体制を確立させた。こうすることで、幕府は本山を通じてすべての寺の統制を可能にしたのである。

そのため本山は宗派の最高儀礼を行なう権限、末寺の僧侶などの資格決定権、末寺僧侶の監督権などが与えられていた。また、その宗派の僧侶は必ず本山で修行または教学《きょうがく》することが義務付けられてもいた。これらの代表的な本山には、天台宗の比叡山延暦寺《ひえいざんえんりゃくじ》、真言宗の高野山金剛峯寺《こうやさんこんごうぶじ》、浄土真宗の東《ひがし》・西本願寺《にしほんがんじ》、日蓮宗の身延山久遠寺《みのぶさんくおんじ》など、誰もが知る名刹《めいさつ》がある。宗派のなかにいくつも本山を持つ宗もあるが、これは宗のなかでさらに細分化された「派《は》」が、それぞれに本山を立てたためである。

宗派と寺院

時代と宗派によって異なる伽藍配置

●七堂伽藍の配置の変化

寺院には本堂《ほんどう》や講堂《こうどう》など伽藍《がらん》と呼ばれる様々な建物がある。主に金堂《こんどう》・塔《とう》・講堂・鐘楼《しょうろう》・僧坊《そうぼう》・食堂《じきどう》・経蔵《きょうぞう》などがあり、これら主要な七つの建物のことを七堂伽藍《しちどうがらん》という。

この伽藍の配置は宗派や時代ごとに特色を持っている。

飛鳥・奈良時代の伽藍配置は、正面を南に設け、塔と金堂を中心としている。国家のための宗教として都に近い平地に建てられたため、左右対称に造られたのが特徴である。最も古い伽藍配置は日本最古の寺とされる奈良の飛鳥寺《あすかでら》にみられる飛鳥寺式で、中央に塔、それを取り囲むように三つの金堂が配されていた。

奈良時代には様々な様式が生まれた。南大門《なんだいもん》から中門《ちゅうもん》、塔、金堂、講堂が南北に一列に並ぶ四天王寺《してんのうじ》式は飛鳥寺式と同様、塔を中心に建物が一列に並ぶ中国の様式に由来するものだ。そのほか塔と金堂を左右に配し、それを中門から左右に伸びる回廊《かいろう》が囲み、その奥に講堂が配された法隆寺《ほうりゅうじ》式や金堂を中心に左右に塔を配置した薬師寺《やくしじ》式が生まれた。

平安時代になると、山岳《さんがく》修行を重視する密教系寺院が山岳地帯に建立されたため、伽藍配置も一変する。山中では広い平地を確保しにくいため、地形に合わせた左右非対称の伽藍配置になったのである。比叡山延暦寺や高野山金剛峯寺などがその代表例である。

さらに、平安時代には浄土教も発展した。浄土系宗派の寺院は浄土信仰に基《もと》づき、金堂を中心に敷地《しきち》全体を極楽浄土《ごくらくじょうど》に見立てた伽藍配置が特色である。とくに貴族が庇護者となった前期の寺院では、極楽浄土をイメージさせる優美な建物や壮麗《そうれい》な庭園をもつ造《つく》りで、伽藍配置は極楽浄土のある西方に向かって礼拝できる東面に作られ、阿弥陀如来《あみだにょらい》を祀《まつ》る金堂は西側に設けられることが多かった。浄土系宗派のなかでも、鎌倉時代に生まれた浄土宗と浄土真宗の信仰は民衆に広まったことから、民衆が参詣《さんけい》しやすいように配置されている。阿弥陀堂と御影堂《みえいどう》が伽藍の中心となるが、本尊《ほんぞん》を安置する阿弥陀堂より、教えを聞く場である御影堂が大きく造られている寺もある。

一方、鎌倉時代に普及した禅宗寺院は、日常生活がすべて修行と考える教えのため、七堂伽藍も他宗と異なり独特で、仏殿《ぶつでん》、法堂《はっとう》、僧堂、庫裡《くり》、山門《さんもん》に加え、東司《とうす》（便所）、浴《よく》司《す》（風呂）が加えられている。中国の禅宗寺院の伽藍配置を受け継いだ建築の様式を持ち、山門、仏殿、法堂が南北に一列に並び、それ以外の建物が左右に配されている。

各宗派の伽藍配置

金堂：寺院の中心で本尊を祀る建物。本堂。
塔　：釈迦の遺骨を納めた塔を模した建物。
講堂：僧侶たちが読経や勉学に勤める場所。
鐘楼：梵鐘を釣る建物。
食堂：僧侶たちが食事をとる建物。
僧房：僧侶たちの生活の場となる建物。
経蔵：経典を納める建物。

南都仏教

奈良時代（唐招提寺の伽藍配置）

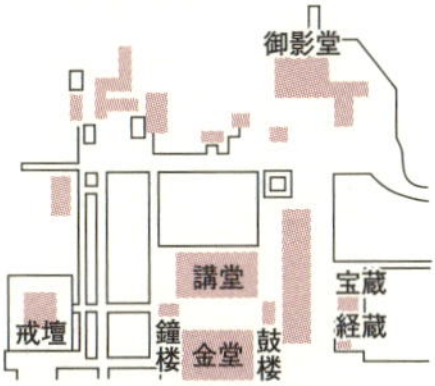

仏塔が１基または、東西２基存在し、仏典の研究を行なう講堂の存在が特徴。飛鳥寺は、一塔三金堂形式、四天王寺や法隆寺若草伽藍は中軸線上に堂宇が南から北へ一直線に並ぶ形式であった。

密教系

平安時代（金剛峯寺の伽藍配置）

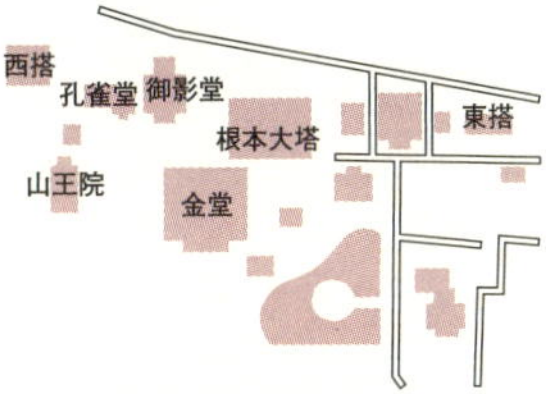

修行の場である山岳地帯に建立された山岳寺院では、敷地の制約があり、整然とした伽藍配置ではなく、山内に堂宇が建ち並ぶ形式を取る。

浄土系

鎌倉時代以降（西本願寺の伽藍配置）

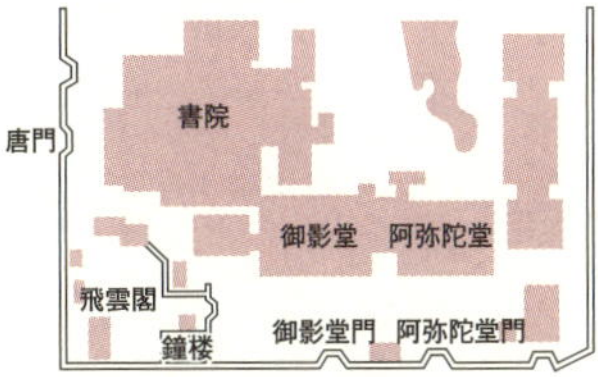

阿弥陀堂を中心にして浄土式庭園を備える、伽藍が多く建てられた。近世になると、阿弥陀堂（本堂）とともに、開基を祀る御影堂が重視され、両者が左右に並ぶ形が見られる。

禅 系

室町時代（建仁寺の伽藍配置）

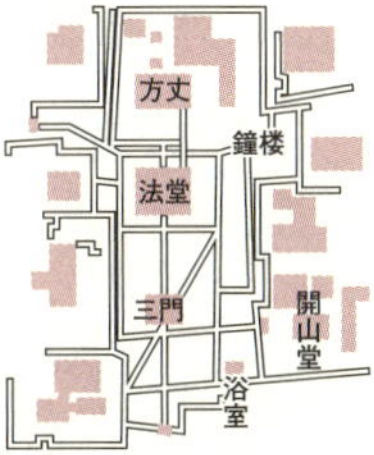

禅宗の寺院では、三門（山門）・法堂が一直線に建ち並び、僧堂、庫院、東司、浴室などがこれを囲む。禅宗では生活そのものを修行の場とみなした。

伽藍の配置のパターンは宗派や建立時期によって異なり、７つすべてそろっていない場合もある。

4
鐘は撞いてよいか、事前に寺院にたずねておく。
鐘楼
6
ご朱印は必ず本堂と本尊をお参りした後に受ける。
納経所
2
日常の穢れを落とすために、左右の手と口を浄める。
手水舎

寺院参拝のしきたり

5
本堂では線香や蝋燭を供える。清らかな香りや明かりは仏様が喜ばれる。また、自分自身の修行の意味を込めて賽銭をあげる。
本堂
3
参道はどこを歩いてもかまわない。
参道
7
境内を出る際、再び山門のところで本尊に向かって合掌一礼する。
1
山門（三門）で寺院の本尊に敬意を表して合掌し、一礼する。

寺院と本尊

宗派の教えのもとに崇められる信仰仏

●宗派ごとの本尊とは

お寺に祀られている仏様。何体も祀られている場合も多いが、そのなかには必ず信仰の中心として崇《あが》められる仏像や曼荼羅《まんだら》などが存在する。これらは「本尊《ほんぞん》」と呼ばれ、宗派ごと、時には同じ宗派でも寺によって異なるケースがある。多くの経典《きょうてん》が作られた仏教において、各宗派が最も重んじる経典に説かれた仏を本尊として信仰するようになったためである。

では主な宗派の本尊を具体的に見てみよう。

奈良仏教では法相宗《ほっそうしゅう》が釈迦如来《しゃかにょらい》と薬師《やくし》如来、華厳宗《けごんしゅう》と律宗《りっしゅう》が毘盧遮那《びるしゃな》如来を本尊としている。平安時代の真言宗は密教の教主である大日《だいにち》如来を本尊と崇めたが、同じく密教系の天台宗は、『法華経《ほけきょう》』で説かれる釈迦如来を本尊としている。天台宗は仏教のあらゆる教えを『法華経』のもとに包括しているため、仏教の祖である釈迦如来を重んじたのである。日蓮宗も同じく釈迦如来を本尊としているものの、像ではなく「大曼荼羅《だいまんだら》」を祀るこ

経典から本尊が決められるまでの流れ

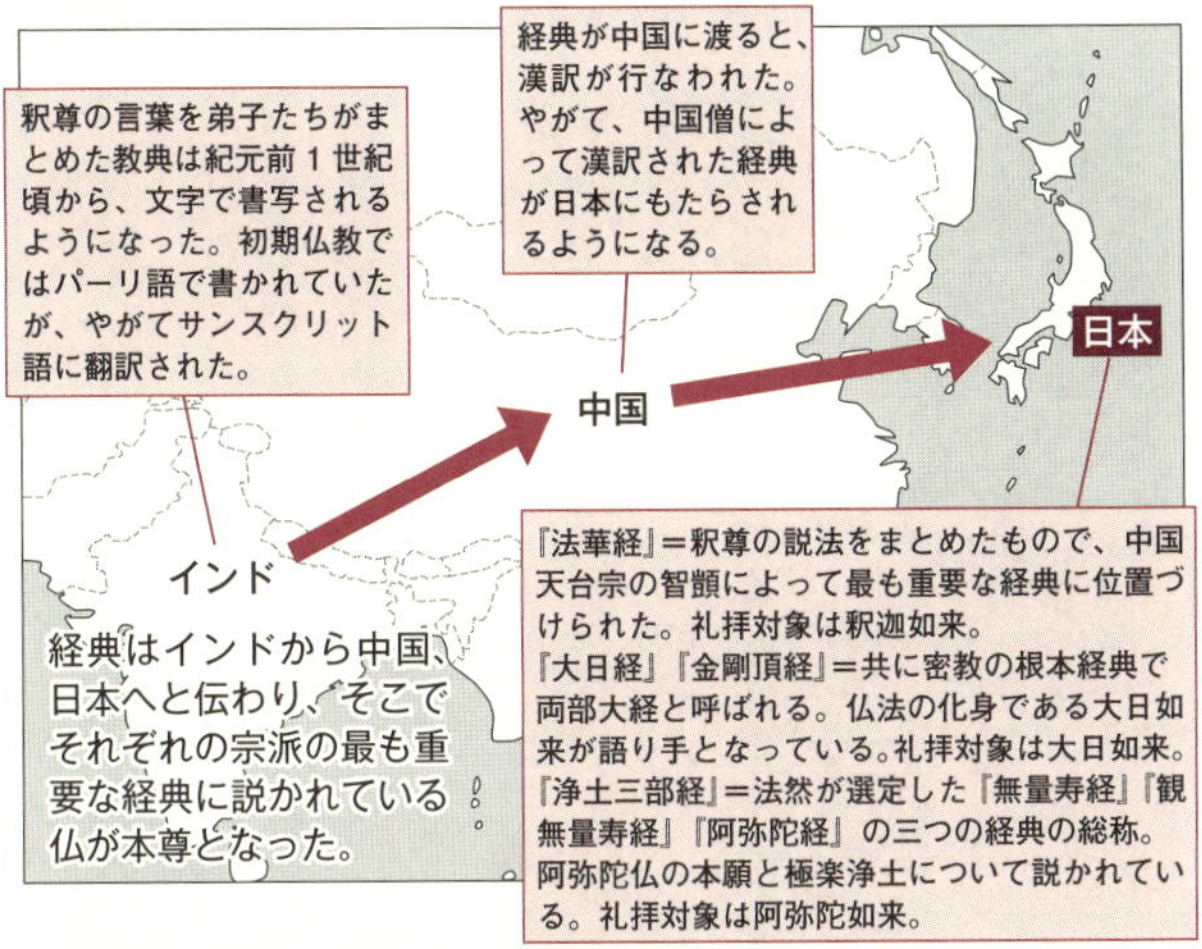
経典が中国に渡ると、漢訳が行なわれた。やがて、中国僧によって漢訳された経典が日本にもたらされるようになる。
釈尊の言葉を弟子たちがまとめた教典は紀元前1世紀頃から、文字で書写されるようになった。初期仏教ではパーリ語で書かれていたが、やがてサンスクリット語に翻訳された。
中国
日本
インド
経典はインドから中国、日本へと伝わり、そこでそれぞれの宗派の最も重要な経典に説かれている仏が本尊となった。
『法華経』＝釈尊の説法をまとめたもので、中国天台宗の智顗によって最も重要な経典に位置づけられた。礼拝対象は釈迦如来。
『大日経』『金剛頂経』＝共に密教の根本経典で両部大経と呼ばれる。仏法の化身である大日如来が語り手となっている。礼拝対象は大日如来。
『浄土三部経』＝法然が選定した『無量寿経』『観無量寿経』『阿弥陀経』の三つの経典の総称。阿弥陀仏の本願と極楽浄土について説かれている。礼拝対象は阿弥陀如来。

十三宗の本尊と根本経典

宗派	本尊	根本経典
法相宗	釈迦如来・薬師如来	『成唯識論』『解深密経』
華厳宗	毘盧遮那如来	『華厳経（大方広仏華厳経）』
律宗	毘盧遮那如来	『四分律』
天台宗	釈迦如来	『法華経（妙法蓮華経）』
真言宗	大日如来	『大日経』『金剛頂経』
融通念仏宗	阿弥陀如来 （十一尊天得如来）	『華厳経』『法華経』
浄土宗	阿弥陀如来	浄土三部経 （『無量寿経』『観無量寿経』『阿弥陀経』）
浄土真宗	阿弥陀如来	浄土三部経 （『無量寿経』『観無量寿経』『阿弥陀経』）
時宗	阿弥陀如来 （「南無阿弥陀佛」の名号）	浄土三部経 （『無量寿経』『観無量寿経』『阿弥陀経』）
臨済宗	釈迦如来	『般若心経』などが読まれるが 特定の経典はない。
曹洞宗	釈迦如来	『般若心経』などが読まれるが 特定の経典はない。
日蓮宗	大曼荼羅（釈迦如来）	『法華経』
黄檗宗	釈迦如来	『般若心経』などが読まれるが 特定の経典はない。

本尊を見れば、その宗派の最も重んじる経典を知ることができる。

とが多い。
『浄土三部経《じょうどさんぶきょう》』に説かれる阿弥陀《あみだ》如来を本尊とする宗派は、極楽往生を願う浄土真宗、融通念仏宗《ゆうずうねんぶつしゅう》、時宗などである。ただし融通念仏宗では十菩薩《じゅうぼさつ》を従えた「十一尊天得《じゅういっそんてんとく》如来」と呼ばれる曼荼羅、時宗では「南無阿弥陀仏《なむあみだぶつ》」の名号《みょうごう》そのものを尊ぶため「南無阿弥陀仏」の絵図などが掲げられる。

一方、根本経典のない禅宗では、宗派ごとに本尊が異なり、臨済宗は特定の本尊を定めていない。また、曹洞宗と黄檗《おうばく》宗では釈迦如来を本尊としている。

しかし、宗派によっては複数の仏を本尊として受け入れたり、各寺院の成り立ちの由緒・縁起《えんぎ》や歴代のうちでの改宗の関係から、同じ宗派であっても本尊が異なるケースもある。

たとえば浄土宗では、阿弥陀如来が観音菩薩《かんのんぼさつ》と勢至《せいし》菩薩を従える阿弥陀三尊に加えて中国浄土宗の祖・善導《ぜんどう》、宗祖・法然《ほうねん》を合わせて本尊としている寺も多い。浄土真宗では阿弥陀如来のみを祀ることが多いが、開祖親鸞《しんらん》と蓮如《れんにょ》の像を配しているところもある。また、日蓮宗では釈迦如来像に加え、日蓮と関わりのある十界《じっかい》曼荼羅を本尊とする寺院もある。

天台宗に至ってはさらに多様で、本尊を釈迦如来とするものの、総本山の延暦寺根本《こんぽん》中堂《ちゅうどう》では薬師如来が本尊となるなど、如来以外の菩薩や明王《みょうおう》、天《てん》を祀る場合も多い。

第一章

天台宗の総本山

天台宗の教え

すべての人が仏になれると説く

【宗祖】最澄《さいちょう》（七七八年～八二二年）

諡号《しごう》は伝教大師《でんきょうだいし》。近江国滋賀郡《おうみのくにしがのこおり》の三津首氏《みつのおびとし》の出身で、延暦《えんりゃく》四年（七八五）、授戒《じゅかい》ののち、比叡山《ひえいざん》に登って修行生活に入る。天台教学《てんだいきょうがく》を学ぶなかで法華十講《ほっけじっこう》の始修《ししゅう》、高雄山《たかおさん》寺《じ》での天台教学講義などの活動を行ない、延暦二三年（八〇四）、短期留学生《るがくしょう》（還学生《げんがくしょう》）に選ばれて遣唐使船《けんとうしせん》で空海《くうかい》と同じ一行として唐へ渡った。天台山に学ぶ一方、密教《みっきょう》の灌《かん》頂《じょう》を受けて帰国し、延暦二五年（八〇六）、天台宗を開創《かいそう》。天台教学の教えを整理する一方で、法相宗《ほっそうしゅう》の徳一《とくいつ》と三一権実《さんいちごんじつ》論争を展開し弘仁《こうにん》一三年（八二二）、比叡山で没した。

【教え】法華一乗《ほっけいちじょう》、四宗相承《ししゅうそうじょう》

最澄の教えは、すべての人が仏になれる、つまり誰もが成仏できるという法華一乗《ほっけいちじょう》の思想を基本とする。さらに『法華経《ほけきょう》』のもとに、天台の教えのみならず、禅《ぜん》、密教、戒《かい》律《りつ》も一乗思想のなかにあるとして修行する四宗相承《ししゅうそうじょう》の考えから、総合仏教的な特徴がある。

【本尊】釈迦牟尼仏《しゃかむにぶつ》／【総本山】比叡山延暦寺／【根本経典】『法華経』

天台宗の系譜

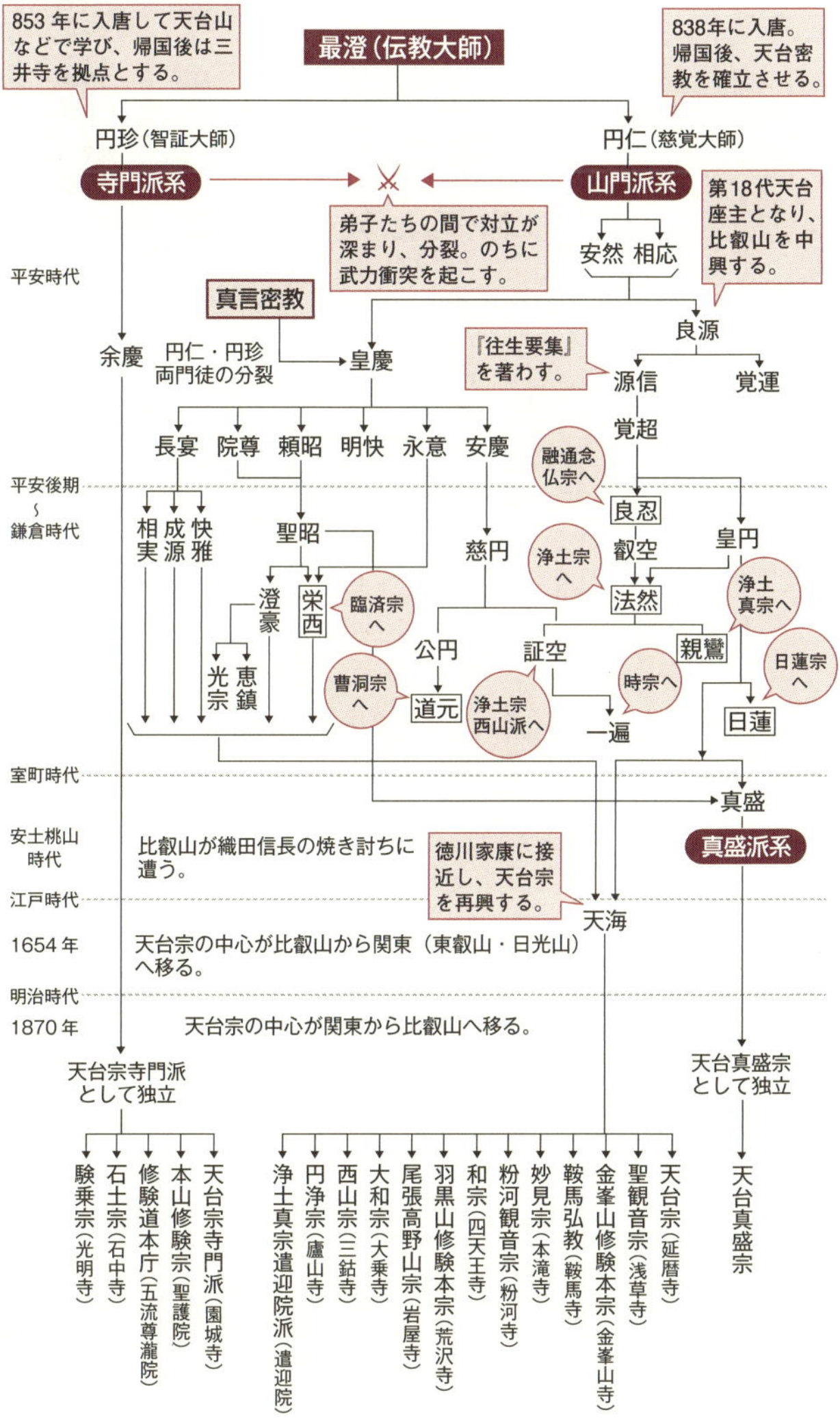

853年に入唐して天台山などで学び、帰国後は三井寺を拠点とする。
最澄（伝教大師）
838年に入唐。帰国後、天台密教を確立させる。
円珍（智証大師）
円仁（慈覚大師）
寺門派系
山門派系
弟子たちの間で対立が深まり、分裂。のちに武力衝突を起こす。
安然　相応
第18代天台座主となり、比叡山を中興する。
平安時代
真言密教
良源
余慶
円仁・円珍両門徒の分裂
皇慶
『往生要集』を著わす。
源信
覚運
長宴　院尊　頼昭　明快　永意　安慶
覚超
融通念仏宗へ
平安後期～鎌倉時代
相実　成源　快雅
聖昭
慈円
良忍
叡空
皇円
浄土宗へ
法然
浄土真宗へ
澄豪
栄西
臨済宗へ
公円
証空
親鸞
光宗　恵鎮
曹洞宗へ
道元
浄土宗西山派へ
時宗へ
一遍
日蓮宗へ
日蓮
室町時代
真盛
安土桃山時代
比叡山が織田信長の焼き討ちに遭う。
徳川家康に接近し、天台宗を再興する。
真盛派系
江戸時代
天海
1654年
天台宗の中心が比叡山から関東（東叡山・日光山）へ移る。
明治時代
1870年
天台宗の中心が関東から比叡山へ移る。
天台宗寺門派として独立
天台真盛宗として独立
験乗宗（光明寺）
石土宗（石中寺）
修験道本庁（五流尊瀧院）
本山修験宗（聖護院）
天台宗寺門派（園城寺）
浄土真宗遣迎院派（遣迎院）
円浄宗（廬山寺）
西山宗（三鈷寺）
大和宗（大乗寺）
尾張高野山宗（岩屋寺）
羽黒山修験本宗（荒沢寺）
和宗（四天王寺）
粉河観音宗（粉河寺）
妙見宗（本滝寺）
鞍馬弘教（鞍馬寺）
金峯山修験本宗（金峯山寺）
聖観音宗（浅草寺）
天台宗（延暦寺）
天台真盛宗

延暦寺

最澄の草庵からはじまった日本仏教の母山

基本情報

所在地：滋賀県大津市坂本本町
山号：比叡山
開基：最澄

都の鬼門封じとなる寺

天台宗の総本山である比叡山延暦寺は、約五〇〇ヘクタールの境内《けいだい》に点在する約一五〇の堂宇《どうう》から成る。境内は東塔《とうとう》、西塔《さいとう》、横川《よかわ》（北塔《ほくとう》）に区分され三塔十六谷《さんとうじゅうろっこく》とも呼ばれている。

その歴史は、延暦四年（七八五）に当時二〇歳の最澄が結んだ草庵《そうあん》を起源とする。最澄は三年後の延暦七年（七八八）、この場所に一乗止観院《いちじょうしかんいん》（のちの根本中堂《こんぽんちゅうどう》）を建立《こんりゅう》し自らが彫った薬師如来《やくしにょらい》を安置する。これが比叡山の開創とされる。

最澄の名声は広まり、比叡山は都の鬼門《きもん》（陰陽道で万事に不吉な方角）となる北東に位置するため、桓武《かんむ》天皇から鬼門封じの役割を与えられた。そのため平安京遷都《へいあんきょうせんと》の直前には、一乗止観院で盛大な供養会《くようえ》が開かれた。やがて最澄は朝廷に仕え、一乗止観院も官寺《かんじ》に準じた扱いを受ける。そして唐への留学を経て天台宗を開いた最澄が総本山とした。最澄入寂《にゅうじゃく》後の弘仁《こうにん》一四年（八二三）には、嵯峨《さが》天皇より「延暦寺」の寺号を賜《たまわ》っている。

延暦寺の根本中堂

比叡山延暦寺の中心である東塔の根本中堂。最澄が建立した一乗止観院がルーツとなっている。

仏教の総合大学として君臨

この朝廷との密接なつながりのなかで比叡山も拡張を続けていく。

ただし、最澄の時代は一乗止観院を中心とする東塔地区が主に開かれたにとどまる。釈《しゃ》迦堂《かどう》が創建されて西塔地区が整備されたのは、第二代座主《ざす》・円澄《えんちょう》と門弟・恵亮《えりょう》の時代のこと。さらに第三代座主の円仁《えんにん》は、横川に小塔《しょうとう》（現在の如法塔《にょほうとう》）、根本観音堂《かんのんどう》（横川中堂）を建立すると、東塔に天台密教の根本道場を創建し、比叡山三塔の礎《いしずえ》を確立したのである。

また教義においても、第三代座主の円仁と第五代天台座主の円珍《えんちん》が、唐への留学を経て、最澄のもとでは不完全であった天台密教を確立させ、天台密教は真言《しんごん》密教と並ぶ存在とな

東塔・西塔

瑠璃堂

西塔北谷にある瑠璃堂は、織田信長の焼き討ちを逃れた唯一の建物とされる。

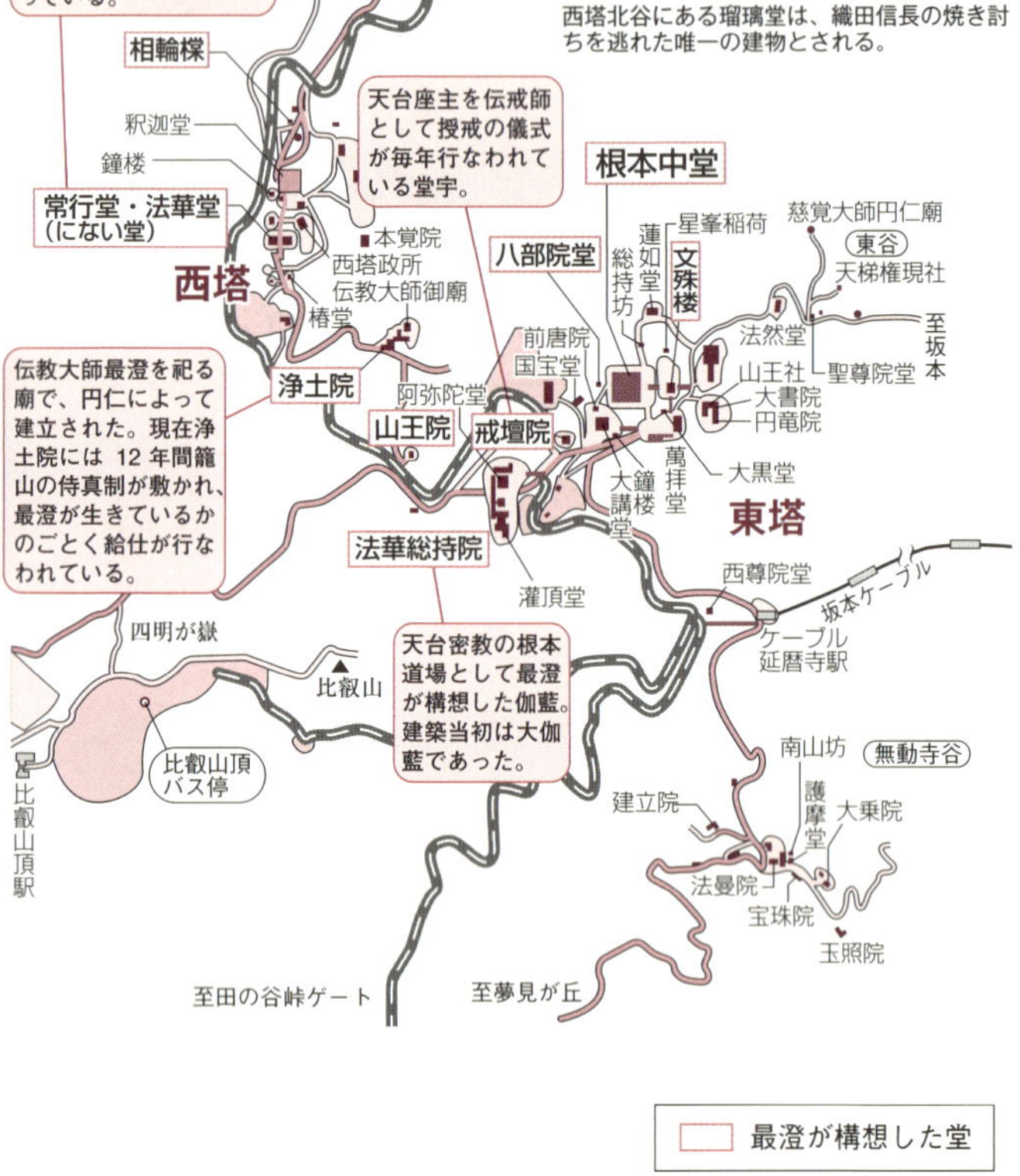

北側が常行堂、南側が法華堂で、両堂は渡り廊下で結ばれている。しかも、この渡り廊下が滋賀県と京都府の県境をまたぐという珍しい位置関係となっている。
相輪樑
釈迦堂
鐘楼
常行堂・法華堂（にない堂）
西塔
本覚院
西塔政所
伝教大師御廟
椿堂
天台座主を伝戒師として授戒の儀式が毎年行なわれている堂宇。
根本中堂
星峯稲荷
蓮如堂
総持坊
文殊楼
慈覚大師円仁廟
東谷
天梯権現社
至坂本
八部院堂
法然堂
前唐院
国宝堂
山王社
聖尊院堂
大書院
円竜院
伝教大師最澄を祀る廟で、円仁によって建立された。現在浄土院には12年間籠山の侍真制が敷かれ、最澄が生きているかのごとく給仕が行なわれている。
浄土院
阿弥陀堂
山王院
戒壇院
萬拝堂
大鐘楼
講堂
大黒堂
東塔
法華総持院
灌頂堂
西尊院堂
坂本ケーブル
ケーブル延暦寺駅
四明が嶽
比叡山
天台密教の根本道場として最澄が構想した伽藍。建築当初は大伽藍であった。
比叡山頂バス停
比叡山頂駅
南山坊
無動寺谷
建立院
護摩堂
大乗院
法曼院
宝珠院
玉照院
至田の谷峠ゲート
至夢見が丘
最澄が構想した堂

比叡山の全貌

横川

最澄は一乗止観院のほか、浄土院、戒壇院、山王院、護国院など十六院を構想しているが、そのほとんどが東塔地区に集中している。
やがて天台、戒律、禅、密教に加え念仏も取り入れた比叡山は、今でいう日本仏教の総合大学の様相を呈し、平安末期から鎌倉時代にかけて各宗派の祖が輩出。多くの学僧が研究や修行する場となった。

った。

だがのちに円仁と円珍の弟子たちが二派に分裂した結果、後者が山を降りて園城寺《おんじょうじ》を建てたため、天台宗は一時衰えた。

さらに別院の増加と貴族階級からの施入《せにゅう》の増加によって、山内の風紀が乱れてしまう。また承平《じょうへい》五年（九三五）には大火災に襲われ、根本中堂を始めとする多くの堂宇が失われ、再建もなかなか進まなかった。

その天台宗を中興したのが第一八代座主の良源《りょうげん》である。良源は諸堂を再建したほか、教義の刷新や学僧《がくそう》の養成などに尽力した。その良源の弟子である源信《げんしん》は浄土教《じょうどきょう》を取り入れて『往生要集《おうじょうようしゅう》』を著わし、のちの念仏《ねんぶつ》信仰に大きな影響を与えている。

やがて伽藍《がらん》も三千坊を超えるなど活況を呈する一方、比叡山は貴族の子弟の入山によって世俗化が進み、政治に口出し、つまり干渉し始める。ついには織田信長《おだのぶなが》に歯向かい続けてその怒りを買い、焼き討ちによって壊滅的な被害を受けた。

比叡山が復興を果たしたのは江戸時代に入ってからである。徳川家康《とくがわいえやす》に重用された天海《てんかい》の肝《きも》入《い》りにより諸堂の再建が進み、寛永《かんえい》一九年（一六四二）、三代家光《いえみつ》の時に根本中堂が完成。最澄から続く「不滅《ふめつ》の法燈《ほうとう》」が保たれたのである。

延暦寺1300年のあゆみ

年	できごと
延暦七年（七八八）	最澄、一乗止観院を創建する。
延暦二五年（八〇六）	最澄、年分度者二名を賜り、天台宗が公認される。
弘仁一三年（八二二）	最澄、中道院にて示寂。その後に大乗戒壇院設立の勅許が下る。
弘仁一四年（八二三）	嵯峨天皇より延暦寺の寺号を賜る。
貞観元年（八五九）	円珍、三井に園城寺を再建する。
貞観八年（八六六）	最澄に伝教大師、円仁に慈覚大師の号を賜る。
天慶元年（九三八）	良源、承平五年（九三五）焼失の根本中堂を改築する。
天禄三年（九七二）	良源、横川を独立させ三塔が確立する。
寛仁元年（一〇一七）	延暦寺と園城寺の抗争が激化する。
天養二年（一一四五）	法然が入山する。以降、栄西・親鸞・道元・日蓮などが入山する。
永享七年（一四三五）	足利義教に反発した僧が根本中堂に火を放って焼身自殺する。
元亀二年（一五七一）	織田信長、延暦寺を焼き討ちにする。
慶長一二年（一六〇七）	探題・執行となった天海により、比叡山の復興が始まる。

比叡山で修行した宗祖たち

日蓮（日蓮宗）
1245年から、横川の定光院で修行し、『法華経』こそ至上の教えと確信し日蓮宗を開いた。

親鸞（浄土真宗）
20年にわたり比叡山で修行に打ち込む。1192年から横川の首楞厳院にて不断念仏の修行を行なった。

道元（曹洞宗）
13歳で入山後、横川の千光房に入り、18歳まで修行に励んだ。

法然（浄土宗）
1145年に入山。西塔の源光、東塔の皇円のもとで学んだのち、黒谷別所の叡空のもとへ至る。1175年に下山して念仏を第一とする境涯に達し、浄土宗を開いた。

栄西（臨済宗）
1151年、19歳で比叡山に入り、天台教学と密教を学んだ。

平安末期から鎌倉時代にかけて、法然、親鸞、栄西、道元、日蓮ら鎌倉仏教の宗祖たちは、いずれもそれぞれ比叡山で学んだ経験を持つ。

修行としきたり

中断することは許されない命がけの回峰行

●厳しい修行の理由

最澄によって開かれた比叡山は、今も日本屈指の修行の地とされている。

比叡山における修行の根底には、最澄が『山家学生式《さんげがくしょうしき》』で示した十二年籠山《ろうざん》の山修山学の制度がある。彼は「最下鈍《さいげどん》の者も一二年を経れば必ず一験《いちげん》を得る」という信念に基づき、最初の六年は己《おのれ》の考えを深める期間に当てて自行《じぎょう》を行なわせ、後半の六年は思索と実践を主として他者のために行動する化他行《けたぎょう》を学ばせた。

この考えは現在も貫かれていて、天台宗の僧となる者は、必ず比叡山で修行する決まりがある。しかも一度入山すれば六〇日間の満行《まんぎょう》まで下山は許されないしきたりとなっている。天台宗の僧となるために比叡山へ入った者は、師僧《しそう》のもとで得度《とくど》（仏道に帰依《きえ》する誓いを立てること）したのち、横川にある比叡山行院にて、天台宗の教義や僧としての振る舞いを学ぶ前行《ぜんぎょう》と、三密加持《さんみつかじ》を基本として密教を学ぶ六〇日間の修行に臨む。

また十二年籠山については、「祖廟《そびょう》」と「回峰行《かいほうぎょう》」の籠山行の二つとして現在に受け継

天台宗のおもな修行と千日回峰

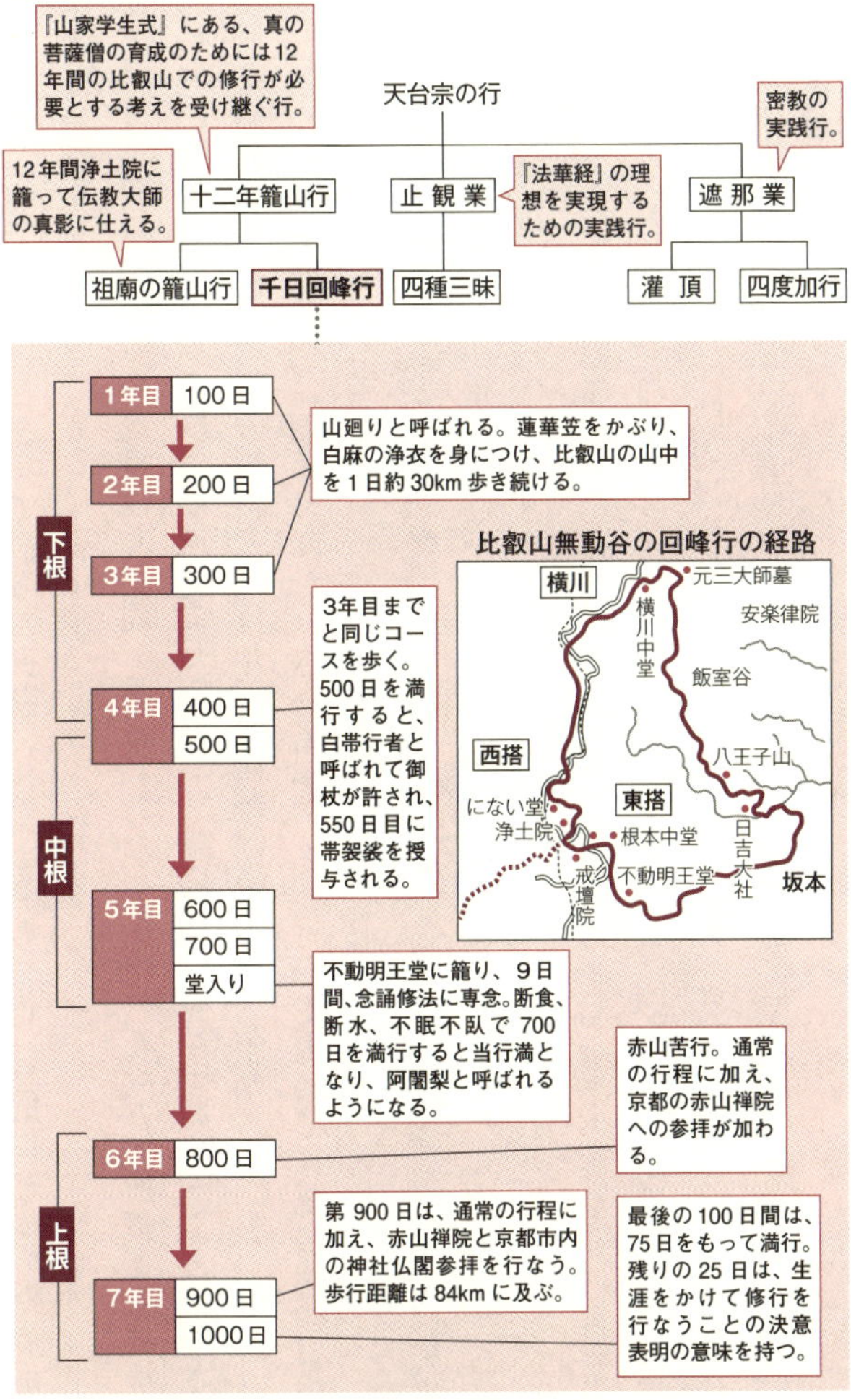

比叡山では『山家学生式』に基づき、顕教と密教が学問として学ばれる一方、過酷な環境のなかで命がけの修行も行なわれている。

がれている。前者は侍真《じしん》となって最澄の真影《しんえい》に仕えながら、勤行儀《ごんぎょうぎ》に基づいた生活を一二年間にわたり送るものである。

後者は、比叡山の山中を足掛け七年間、千日にわたって毎日、二五〇所以上を礼拝《らいはい》しながら約三〇キロ以上を歩き続ける過酷な行である。一度始めると中断することは許されず、挫折した時に自害《じがい》するための短刀を携帯しての命がけの苦行である。

千日回峰行は室町時代に調《ととの》えられたとされるが、この行が誕生して以降の約四百年間、満行した者は五〇名にも満たない。

最澄は、大乗《だいじょう》仏教の僧の育成方法についても『山家学生式』に示す。その方法はふたつあって、ひとつは『法華経』などの顕教《けんぎょう》（明らかに説かれた教え。〝密教〟に対する）を中心に学ぶ止観業《しかんごう》、もうひとつは『大日経《だいにちきょう》』などの密教を中心に学ぶ遮那業《しゃなごう》である。

前者を学ぶための実践業が九〇日を一期としてひたすら堂の中で坐禅《ざぜん》を続ける常坐三昧《じょうざざんまい》、同じく九〇日間にわたり阿弥陀仏《あみだぶつ》が鎮座《ちんざ》する須弥壇《しゅみだん》の周囲を、阿弥陀仏の名を称《とな》えながらひたすら歩く常行三昧《じょうぎょうざんまい》のほか、半行半坐三昧《はんぎょうはんざざんまい》、非行非坐三昧《ひぎょうひざざんまい》からなる四種三昧《ししゅざんまい》である。後者には十八道法・金剛界法《こんごうかいほう》・胎蔵界法《たいぞうかいほう》・護摩法《ごまほう》から成る四つの修法を履修《りしゅう》する四度加行《しどけぎょう》がある。

天台宗の一年

天台宗から輩出した高僧たちゆかりの行事

●一年を通じて行なわれる高僧の法会

天台宗では、一年を通じて数多くの行事が行なわれる。

行事と言っても様々な種類があり、まずひとつは年末年始にかけて行なわれる新年の法《ほう》要《よう》である修正会《しゅうしょうえ》や、季節の行事、釈尊《しゃくそん》ゆかりの行事など他宗派と共通した仏教行事がある。

一方で、天台宗独自の行事も行なわれ、多くは最澄や円珍など、天台宗の発展に寄与した高僧たちにまつわる法会《ほうえ》である。

良源の命日である一月三日は元三会《げんさんえ》、円仁の命日である一月一四日は華芳会《かほうえ》、宗祖・最澄の命日である六月四日は「三家会《さんげえ》」が修せられる。最澄については八月一八日に降誕会《ごうたんえ》も行なわれている。一〇月四日は天海の命日で慈眼会《じげんえ》、一〇月二九日は円珍の命日で智《ち》証大師会《しょうだいしえ》、一一月二四日には中国天台宗の高祖・天台大師智顗《ちぎ》の命日である霜月会《しもつきえ》というように、法会は一年を通じて続いている。

国家安穏を祈ってきた御修法

また、天台宗のなかでも延暦寺独自の行事もあり、最も重要とされるのが、四月一一～一七日に行なわれる御修法《みしほ》（正式名・御衣加持《ぎょいかじ》御修法）である。

平安時代の弘仁一四年（八二三）に桓武《かんむ》天皇のために円澄《えんちょう》が宮中で行なったのを起源とし、その後は国家に異変があった際、国家安穏《あんのん》を祈るため宮中で修されてきた。

明治維新後は中断したが大正時代に復活し、現在では根本中堂の内陣《ないじん》に天皇の御衣《みころも》を加持して天下泰平《てんかたいへい》と万民豊楽《ばんみんほうらく》、鎮護国家《ちんごこっか》を祈願する修法が行なわれている。七仏薬師法《しちぶつやくしほう》、普賢延命法《ふげんえんめいほう》、熾盛光法《しょくじょうこうほう》、鎮将夜叉法《ちんしょうやしゃほう》の四つの大法を順番に毎年ひとつ執り行ない、別に安鎮家国法《あんちんかこくほう》という特別大法も行なう。初日と中日《ちゅうにち》、結願日《けちがんび》には天皇の勅使《ちょくし》が天皇の御衣を奉じて比叡山に登るという厳粛で格式の高い行事であり、天台宗が国家公認の宗派として、鬼門封《きもんふう》じと国家鎮護を担ってきた役割を今に伝える。

また、学府としての性格を持つ延暦寺に欠かせないのが、学僧たちが主役となる行事である。たとえば、延暦寺独自の行事として、『法華経』の書写を行なう如法写経会《にょほうしゃきょうえ》と、『法華経三部経』の講説を行なう戸津説法《とづせっぽう》がある。とくに戸津説法の説法師を勤めることが、天台座主への階段を昇る一歩となるため、僧侶にとっては大切な行事と言える。

比叡山のおもな年中行事

月　日	仏　事	開催場所	備　　考
12月31日～1月3日	修正会	根本中堂ほか	1年の無病息災などを祈る。
1月3日	元三会	四季講堂	元三大師（慈恵大師）良源への報恩の法要。
1月14日	華芳会	前唐院	慈覚大師円仁を偲ぶ。
1月26日	開宗記念法要	根本中堂	『法華経』の読誦。
2月15日	涅槃会	根本中堂ほか	釈尊の命日。釈尊に対する報恩の法要。
4月4日～4月11日	※御修法	根本中堂	国家の安泰と、国民の幸福を祈る。
4月18日	慈恵大師御影供	四季講堂	慈恵大師良源への報恩の法要。
4月20日～4月21日	本山山家会	大講堂など	天台宗寺院では、6月4日に行なわれる。
5月14日	慈覚大師御影供	大講堂	裏千家の献茶法要を取り入れる。
5月17日	天皇講	大講堂	そばの献納や献茶などが行なわれる。
5月26日	山王礼拝講	日吉大社	『法華経』8巻に対する問答が行なわれる。
6月3日	伝教大師御影供	大講堂	御命日の前日に伝教大師への報恩の法要を行なう。
6月4日	※長講会	浄土院	出世役への登竜門。
8月1日～8月6日	※如法写経会	釈迦堂	『法華経』の書写を行なう。
8月18日	宗祖降誕会	根本中堂ほか	最澄の生誕を祝う法要。
8月21日～8月25日	※戸津説法	東南寺	天台座主になるための必須の経歴。
9月8日～9月15日	灌頂会	法華総持院	天台密教の灌頂の儀式。
10月20日～10月22日	仏名会	根本中堂	罪への懺悔、罪の消滅を仏に祈る。
10月23日～10月24日	天台会	大講堂	天台大師を偲ぶ法要。
10月26日～10月27日	円頓授戒会	戒壇院	釈迦如来、文殊菩薩、弥勒菩薩から戒を授けられる。
10月上旬（5年に1度）	※法華大会広学竪義	大講堂	天台宗僧の必須の法要。

※は比叡山独自の仏事

参拝の方法

広大な寺域で気をつけねばならないこと

都からの絶妙の位置

比叡山延暦寺が置かれた地は、東山連峰《ひがしやまれんぽう》の北端の位置、つまり京都の北東にあたる。同地は古来、陰陽道《おんみょうどう》による信仰で、鬼の出入りする「鬼門《きもん》」と位置づけられてきた。そこでその災いを封じ、王城《おうじょう》の地平安京《へいあんきょう》を守るため、「王城鎮護《おうじょうちんご》」を祈る場となった。

朝となく夕となく、その青いような薄い緑のような、雲のなかから水色に溶けていく幽《ゆう》玄《げん》の山色。高すぎるでも、遠すぎるでもない、標高八四八メートルの比叡山。都の賑《にぎ》わいから里離れして、絶妙な位置にある。

そうした立地のため、比叡山参拝の折にはその距離に注意しなくてはならない。京都から比叡山を訪れるには、ＪＲ坂本駅を経て江若《こうじゃく》バスでケーブル坂本駅へ至り、ケーブルカーで山頂へと向かう。

そうした参拝時に気をつけるべきことを尋ねたところ、参拝の際には拝観の時間に気をつけて欲しいとのこと。西塔、東塔、横川と堂宇《どうう》が点在する広大な山中の大寺院なればこ

天台宗の数珠の持ち方

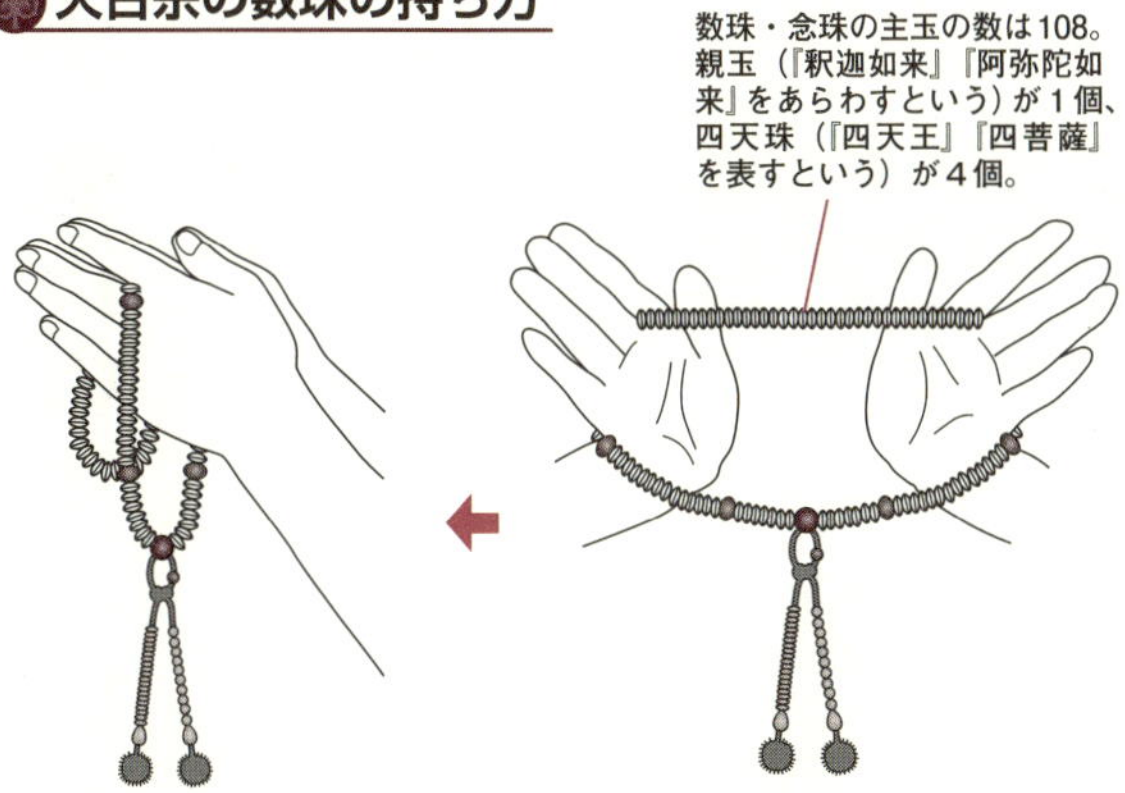
数珠・念珠の主玉の数は108。親玉（『釈迦如来』『阿弥陀如来』をあらわすという）が１個、四天珠（『四天王』『四菩薩』を表すという）が４個。

［手の合わせ方］
手の中に数珠を包むように手を合わせ、房を垂らす。

［持ち方］
両手の人差し指と中指の間に数珠をかける。

そ、参拝に夢中になり、帰りの交通機関がすでに「本日は終了」と言うことも多いという。仏教寺院には数多くの四季による行事があり、その期間中は拝観できないこともある。拝観時間への注意は常に心がけておきたい。

山頂の諸堂において、数珠《じゅず》を手にして合《がっ》掌《しょう》する際には、両手中指と人差し指の間にかけ、房《ふさ》をたらすようにする。

また、仏様に手を合わせる時の仏名の唱え方は対象となる仏像によって異なってくる。阿弥陀如来ならば、浄土系と同じ「南無阿弥《なむあみ》陀仏《だぶつ》」であるが、薬師如来なら、「南無薬師《なむやくし》瑠璃光如来《るりこうにょらい》」、観音《かんのん》菩薩なら、「南無観世音菩《なむかんぜおんぼ》薩《さつ》」、釈迦如来なら、「南無釈迦牟尼如来《なむしゃかむににょらい》」である。

比叡山の文化財

寺の中心となる仏堂・根本中堂

延暦寺の総本堂《そうほんどう》である国宝の根本中堂は、山内で最も大きい仏堂である。最澄が創建した一乗止観院の跡地に建ち、現在の建物は寛《かん》永《えい》一九年（一六四二）に徳川家光《とくがわいえみつ》により再建されたもの。平面規模は室町以前、建築は江戸初期の様式であり、内陣《ないじん》が低い天台様式が特徴である。

西塔のにない堂は、法華堂と常行堂《じょうぎょうどう》を結ぶ渡り廊下で、弁慶《べんけい》が肩を入れて担《にな》ったという逸話《いつわ》から「弁慶のにない堂」と呼ばれている。そのほか大講堂や戒壇院《かいだんいん》、比叡山最古の建物、西塔の釈迦堂《しゃかどう》などの文化財がある。

比叡山のおもな文化財

建築	根本中堂	延暦寺の中心的建物で、江戸時代の再建。
工芸	金銅経箱	平安時代後期の金属工芸。大正12年（1923）、横川の如法堂跡から発掘された。
工芸	宝相華蒔絵経箱	金と銀の唐草模様が施された平安時代後期の漆工芸品。
工芸	七条刺納袈裟・刺納衣	中国の隋で制作された唐代の染織遺品で、唐へ留学した最澄が持ち帰った。
書跡・典籍	羯磨金剛目録	最澄自筆の唐より持ち帰った法具の目録（弘仁2年（811）
書跡・典籍	天台法華宗年分縁起	年分度者の増加を求める最澄の直筆書。
書跡・典籍	伝教大師将来目録	唐の越州から最澄が将来した400巻を超える経典類の自筆目録。
書跡・典籍	六祖慧能伝	最澄が持ち帰った、唐時代の写本。
書跡・典籍	伝教大師入唐牒	最澄の唐での通行許可書、台州牒（804年）と越州牒（805年）からなる。
書跡・典籍	光定戒牒	「三筆」のひとり、嵯峨天皇直筆の筆。

第二章

真言宗の総本山

真言宗の教え

密教の行による成仏を説く

【開祖】空海《くうかい》（七七四年～八三五年）

讃岐国《さぬきのくに》の佐伯《さえき》氏を出自《しゅつじ》とし、一八歳で大学に入るが室戸《むろと》岬《みさき》などでの宗教体験を経て仏道《ぶつどう》を志す。延暦《えんりゃく》二三年（八〇四）に入唐《にっとう》して長安青龍寺《ちょうあんせいりゅうじ》の恵果《けいか》から密教《みっきょう》の正統を受法。帰国後は嵯峨《さが》天皇や最澄《さいちょう》らと親交を結びながら密教の興隆に尽力した。弘仁《こうにん》七年（八一六）に高野山《こうやさん》を下賜《かし》されて金剛峯寺《こんごうぶじ》の建立《こんりゅう》に力を注ぐ一方、弘仁一三年（八二二）に東大寺《とうだいじ》に灌頂《かんじょう》道場の設立が許可されて立宗《りっしゅう》が認められた。没後の延喜《えんぎ》二一年（九二一）に弘法大師《こうぼうだいし》の諡号《しごう》を賜《たまわ》った頃から高野山で生身のまま禅定《ぜんじょう》に入るという入定《にゅうじょう》信仰が流布《るふ》する。

【教え】即身成仏《そくしんじょうぶつ》、三密加持《さんみつかじ》

人には生まれながらにして仏性《ぶっしょう》が備わっており、密教の行《ぎょう》によってすべての人間が生きながら成仏できる。行とはすなわち三密加持のこと。印《いん》を結んで（身密《しんみつ》）真言《しんごん》を唱《とな》え（口密《くみつ》）、心に仏を念じ（意密《いみつ》）れば、人は仏と一体になれるとするものである。

【本尊《ほんぞん》】大日如来《だいにちにょらい》／【総本山】高野山金剛峯寺《こんごうぶじ》／【根本経典】『金剛頂経《こんごうちょうきょう》』『大日経《だいにちきょう》』

真言宗の系譜

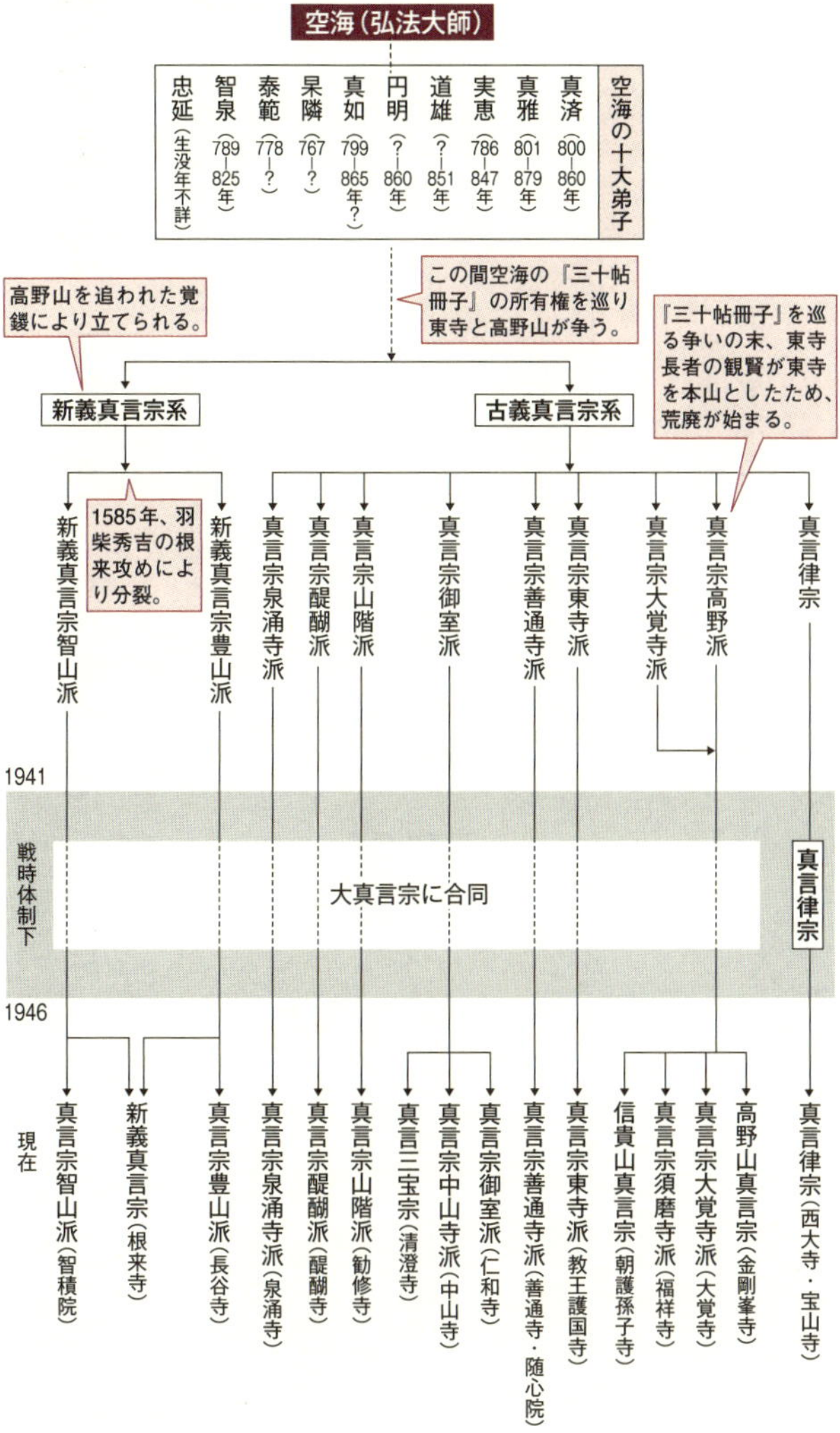
空海（弘法大師）
空海の十大弟子
真済（800－860年）
真雅（801－879年）
実恵（786－847年）
道雄（？－851年）
円明（？－860年）
真如（799－865年？）
杲隣（767－？）
泰範（778－？）
智泉（789－825年）
忠延（生没年不詳）
この間空海の『三十帖冊子』の所有権を巡り東寺と高野山が争う。
高野山を追われた覚鑁により立てられる。
新義真言宗系
古義真言宗系
『三十帖冊子』を巡る争いの末、東寺長者の観賢が東寺を本山としたため、荒廃が始まる。
1585年、羽柴秀吉の根来攻めにより分裂。
新義真言宗智山派
新義真言宗豊山派
真言宗泉涌寺派
真言宗醍醐派
真言宗山階派
真言宗御室派
真言宗善通寺派
真言宗東寺派
真言宗大覚寺派
真言宗高野派
真言律宗
1941
戦時体制下
大真言宗に合同
真言律宗
1946
現在
真言宗智山派（智積院）
新義真言宗（根来寺）
真言宗豊山派（長谷寺）
真言宗泉涌寺派（泉涌寺）
真言宗醍醐派（醍醐寺）
真言宗山階派（勧修寺）
真言三宝宗（清澄寺）
真言宗中山寺派（中山寺）
真言宗御室派（仁和寺）
真言宗善通寺派（善通寺・随心院）
真言宗東寺派（教王護国寺）
信貴山真言宗（朝護孫子寺）
真言宗須磨寺派（福祥寺）
真言宗大覚寺派（大覚寺）
高野山真言宗（金剛峯寺）
真言律宗（西大寺・宝山寺）

金剛峯寺

高野山全体に具現化された密教の世界

基本情報

所在地：和歌山県伊都郡高野町高野山
山　号：高野山
開　基：空海

多様な信仰が同じところに集まる聖地

金剛峯寺は、高野山真言宗総本山。現在は文禄《ぶんろく》二年（一五九三）に創建された青巌寺《せいがんじ》を前身とする一寺がその名を戴《いただ》いているが、本来は、弘仁七年（八一六）に密教の根本道場として空海が開いた高野山全体を指す名称である。金剛峯寺という寺号は、『金剛峯楼閣《こんごうぶろうかく》一切瑜伽瑜祇経《いっさいゆがゆぎきょう》』に由来し、インド伝来のヨーガ（瑜伽《ゆが》）の修行によって仏道を極めたいという空海の願いが込められている。

創建時の高野山における中心はふたつ。壇上伽藍《だんじょうがらん》と奥之院《おくのいん》である。

前者は空海自ら構想した高野山の中枢で、金堂《こんどう》・大塔《だいとう》・御影堂《みえいどう》などから構成される。伽藍配置も密教寺院独自のもので、東西に西塔《さいとう》と根本《こんぽん》大塔、その中心前方に中門《ちゅうもん》と金堂、後方に御影堂が配される。

そして周囲に真言堂《しんごんどう》、鐘楼《しょうろう》などが並び、大日如来の宇宙観を表わした立体曼荼羅《りったいまんだら》となっている。

一方、高野山の最深部に位置するのが、奥之院である。真言宗では、空海は金剛峯寺の「奥之院」に入定《にゅうじょう》し、今でも修行をしながら人々を救済し続けていると伝わる。最奥には最も神聖な弘法大師御廟《こうぼうだいしごびょう》があり、毎日の給仕《きゅうじ》と、年に一度は衣替えも行なわれている。御廟へと至る二キロの参道には四〇万もの墓石群が建てられ、日本最大の霊場となっている。

空海が開創し、密教寺院として出発した高野山は、空海入定時には、講堂と僧房《そうぼう》、多宝《たほう》塔《とう》が建設されたに過ぎなかった。仁和《にんな》三年（八八七）までにすべてが整ったものの、正《しょう》暦《れき》五年（九九四）、落雷によって御影堂以外の堂宇《どうう》が焼失。荒廃してしまう。それが密教の一大霊場へと復活を遂げたのは、高野山をこの世の浄土《じょうど》とする信仰、入定信仰、山岳修《さんがくしゅ》験《げん》信仰など多様な信仰が重なったことが大きい。高野聖《こうやひじり》の勧進《かんじん》もあり、平安から鎌倉にかけて天皇や貴族が入山し、鎌倉武士の出家者《しゅっけしゃ》も増えた。

戦国時代には、有力武将らと積極的に師檀《しだん》関係（寺院や宗教指導者と、それらを金銭的人的にもサポートする檀家《だんか》）を結んだが、やがて織田信長《おだのぶなが》と対立。その結果、千人以上もの高野聖が惨殺された。信長の死後には豊臣秀吉《とよとみひでよし》の攻撃を受けたが、この時には木食応其《もくじきおうご》上人《しょうにん》の働きで難を逃れた。以後は秀吉から崇敬《すうけい》され、その庇護《ひご》を受けるようになった。

中世以降、この世の浄土高野山に墓所を求める動きが身分の上下にかかわらず盛んになり、戦国大名から江戸時代の大名家が次々に墓や供養塔を建てていった。こうして高野山は日本人の総菩提所とも呼べる存在になっていく。

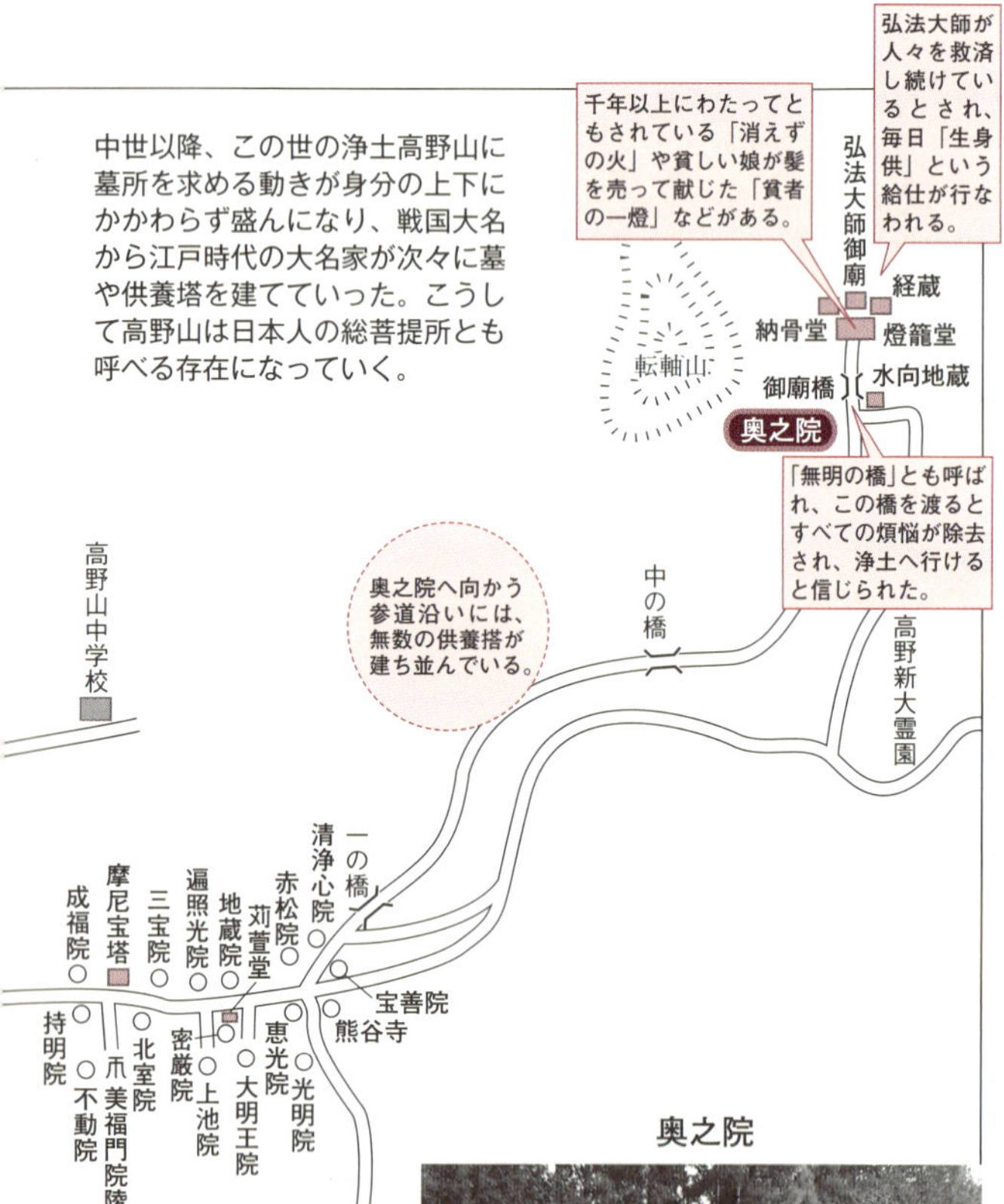
弘法大師が人々を救済し続けているとされ、毎日「生身供」という給仕が行なわれる。
千年以上にわたってともされている「消えずの火」や貧しい娘が髪を売って献じた「貧者の一燈」などがある。
弘法大師御廟
経蔵
納骨堂
燈籠堂
転軸山
御廟橋
水向地蔵
奥之院
「無明の橋」とも呼ばれ、この橋を渡るとすべての煩悩が除去され、浄土へ行けると信じられた。
高野山中学校
奥之院へ向かう参道沿いには、無数の供養塔が建ち並んでいる。
中の橋
高野新大霊園
一の橋
清浄心院
赤松院
苅萱堂
地蔵院
遍照光院
三宝院
摩尼宝塔
成福院
宝善院
熊谷寺
恵光院
光明院
大明王院
上池院
密厳院
北室院
美福門院陵
不動院
持明院
円通律寺
(新別所
専修往生院)

奥之院

高野山の全貌

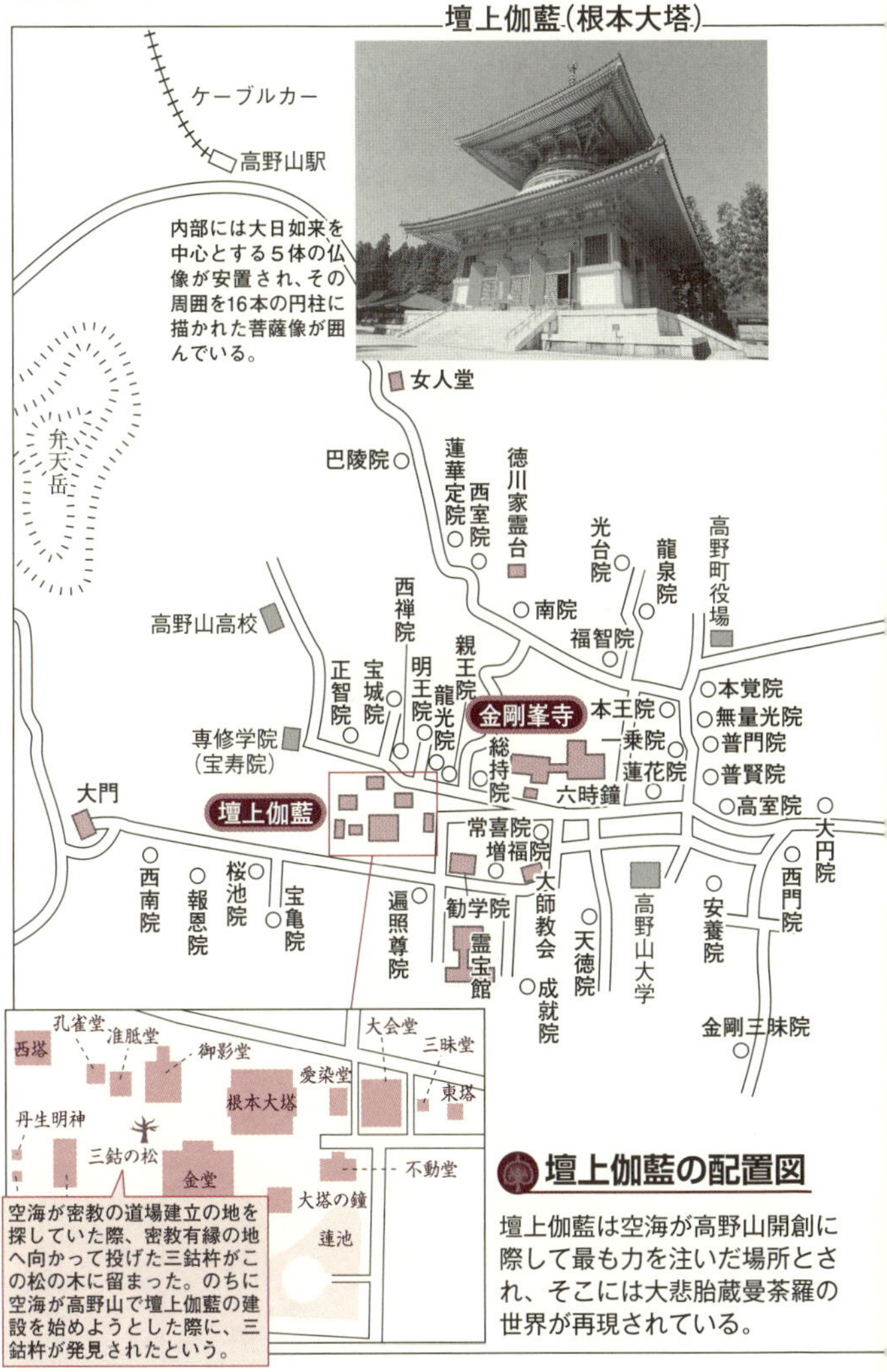
壇上伽藍（根本大塔）
内部には大日如来を中心とする５体の仏像が安置され、その周囲を16本の円柱に描かれた菩薩像が囲んでいる。
ケーブルカー
高野山駅
弁天岳
女人堂
巴陵院
蓮華定院
西室院
徳川家霊台
光台院
龍泉院
高野町役場
高野山高校
南院
福智院
西禅院
親王院
正智院
宝城院
明王院
龍光院
金剛峯寺
本王院
一乗院
蓮花院
本覚院
無量光院
普門院
普賢院
専修学院（宝寿院）
総持院
六時鐘
高室院
大円院
大門
壇上伽藍
常喜院
増福院
大師教会
西門院
西南院
報恩院
桜池院
宝亀院
遍照尊院
勧学院
霊宝館
天徳院
成就院
高野山大学
安養院
金剛三昧院
孔雀堂
准胝堂
御影堂
西塔
大会堂
三昧堂
愛染堂
根本大塔
東塔
丹生明神
三鈷の松
金堂
不動堂
大塔の鐘
蓮池
空海が密教の道場建立の地を探していた際、密教有縁の地へ向かって投げた三鈷杵がこの松の木に留まった。のちに空海が高野山で壇上伽藍の建設を始めようとした際に、三鈷杵が発見されたという。
壇上伽藍の配置図
壇上伽藍は空海が高野山開創に際して最も力を注いだ場所とされ、そこには大悲胎蔵曼荼羅の世界が再現されている。

東寺

空海が遺した冊子がもとで高野山と争った密教の根本道場

基本情報

所在地：京都市南区九条町
山号：八幡山
開基：桓武天皇

高野山と東寺の対立

東寺《とうじ》真言宗総本山である東寺は、羅城門《らじょうもん》の東西に西寺《さいじ》とともに平安京の守りを担う拠点として建立された官寺《かんじ》である。平安遷都《せんと》からほどなく建立されたが、政争や怨霊《おんりょう》騒ぎなどうち続く世情のなかで、なかなか整備が進まなかった。

そこで弘仁《こうにん》一四年（八二三）正月、嵯峨天皇は、当時伝来したばかりの真言密教の専門道場とすることで東寺の整備が進むことを期待して、これを空海に下賜《かし》した。空海は寺を「金光明四天王教王護国寺秘密伝法院《こんこうみょうしてんのうきょうおうごこくじひみつでんぽういん》」と名付けると、唐《とう》から請来《しょうらい》した仏像、仏画、経典などをすべて運び入れた。そして王城鎮護《おうじょうちんご》の修法《しゅほう》を行なう場と位置付けたのである。

真言僧五〇人が住んで密教を学び、国家の仏事祈祷《ぶつじきとう》を修《しゅう》する東寺は、朝廷の庇護《ひご》を受けて高野山を凌《しの》ぐ繁栄の時代を迎える。

だが同時に真言宗内部では、地方の道場である高野山と、都にあり鎮護国家を担う東寺が次第に勢力争いを繰り返すようになる。

東寺講堂の立体曼荼羅

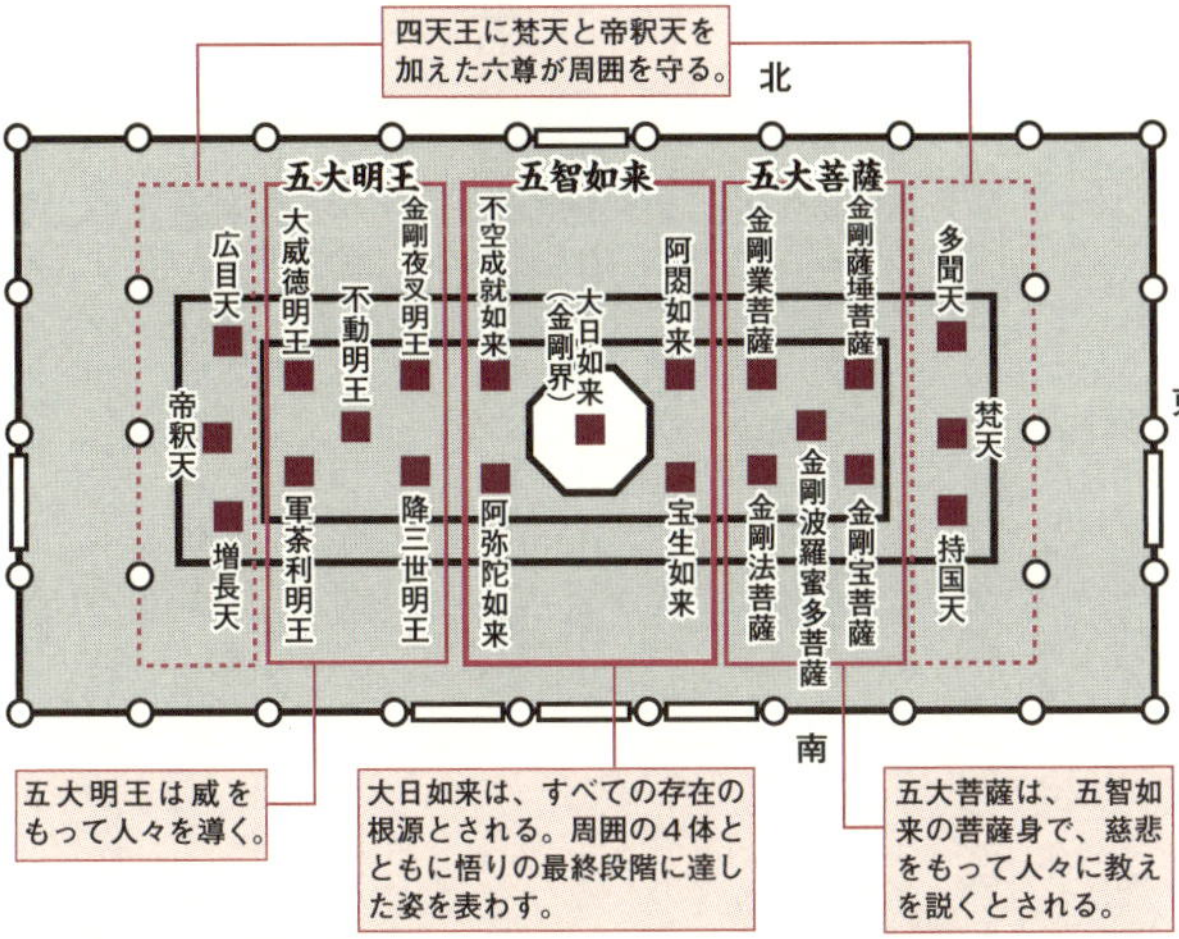

東寺講堂の立体曼荼羅の仏像配置は、大日如来が独自の役割と姿を持つ尊像に変化する様子を表現したものとする説が有力視される。

その対立が決定的になったのは空海が密教の奥儀《おうぎ》を記した『三十帖冊子《さんじゅっちょうさっし》』の帰属問題だ。この書物の在処が真言宗の根本寺院であることを示したため、お互い一歩も引くことはなかった。

とはいえ、もともと『三十帖冊子』は東寺にあったもので、高野山の僧が借り受けていたものである。しかし高野山の無空座主《むくうざす》が返還を拒み、僧を引き連れて下山。高野山は一時的に廃絶状態に陥る。結局、東寺の観賢《かんげん》が高野山座主も兼ねることになり、東寺による高野山の支配体制が確立した。

やがて真言宗もいくつかの流派に分かれるが、真言密教といえば、東寺の密教、いわゆる「東密《とうみつ》」を意味するようになっていった。

こうして官寺として出発した東寺の布教活動が活発化するのは鎌倉時代以降である。源《みなもとの》頼朝《よりとも》が帰依《きえ》して諸堂を再建し、後醍醐《ごだいご》天皇など皇族が荘園《しょうえん》を寄進、さらに足利尊氏《あしかがたかうじ》も東寺鎮守八幡宮《ちんじゅはちまんぐう》を崇敬したため室町幕府の庇護を受けて興隆した。しかし室町末期、土一揆《つちいっき》のため諸堂を焼失。約百年余りの停滞期を迎えたが、豊臣秀吉によって復興を果たした。

空海の密教世界を表わした講堂

東寺の伽藍《がらん》配置は、南から南大門《なんだいもん》、金堂《こんどう》、講堂《こうどう》、食堂《じきどう》が一列に並ぶ奈良時代の様式を受け継いでいる。豊臣秀頼《ひでより》によって慶長《けいちょう》八年（一六〇三）に再建された金堂の内部には、本尊大日如来《だいにちにょらい》と薬師《やくし》如来、日光菩薩《にっこうぼさつ》、月光《げっこう》菩薩の薬師三尊像が安置されている。

東寺の中心的な建物が、延徳《えんとく》三年（一四九一）に再建された講堂である。本尊の大日如来と五智《ごち》如来像を中心に、向かって右に金剛波羅蜜多菩薩《こんごうはらみったぼさつ》像を中心とする五菩薩像、左に不動明王《ふどうみょうおう》像を中心とする五大明王像を配し、四隅を四天王《してんのう》像が、東西を梵天《ぼんてん》・帝釈天《たいしゃくてん》像がそれぞれ固めている。この配置は東寺の講堂独自のもので、『仁王経《にんのうきょう》』や『金剛頂経』を参考にしたとも言われ、真言密教の曼荼羅《まんだら》世界を立体的に表現している。

東寺の七不思議

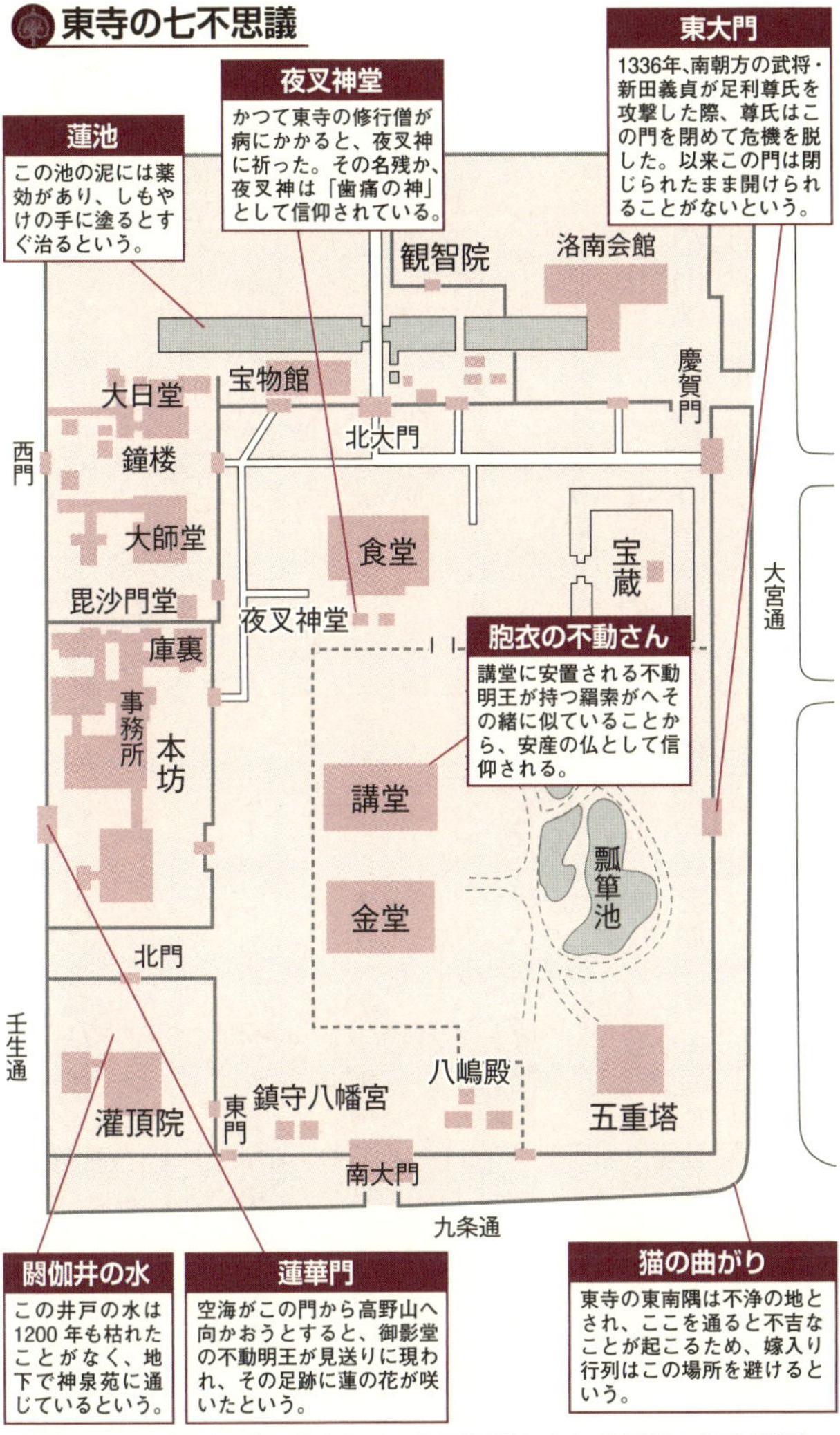
夜叉神堂
かつて東寺の修行僧が病にかかると、夜叉神に祈った。その名残か、夜叉神は「歯痛の神」として信仰されている。
蓮池
この池の泥には薬効があり、しもやけの手に塗るとすぐ治るという。
東大門
1336年、南朝方の武将・新田義貞が足利尊氏を攻撃した際、尊氏はこの門を閉めて危機を脱した。以来この門は閉じられたまま開けられることがないという。
観智院
洛南会館
慶賀門
宝物館
大日堂
北大門
西門
鐘楼
食堂
宝蔵
大師堂
大宮通
毘沙門堂
夜叉神堂
胞衣の不動さん
講堂に安置される不動明王が持つ羂索がへその緒に似ていることから、安産の仏として信仰される。
庫裏
事務所
本坊
講堂
瓢箪池
金堂
北門
壬生通
八嶋殿
鎮守八幡宮
東門
灌頂院
五重塔
南大門
九条通
閼伽井の水
この井戸の水は1200年も枯れたことがなく、地下で神泉苑に通じているという。
蓮華門
空海がこの門から高野山へ向かおうとすると、御影堂の不動明王が見送りに現われ、その足跡に蓮の花が咲いたという。
猫の曲がり
東寺の東南隅は不浄の地とされ、ここを通ると不吉なことが起こるため、嫁入り行列はこの場所を避けるという。

創建時と同じ場所に建つ東寺には、七不思議とされる伝説の史跡が伝わっている。

根来寺

高野山を追われ、新義真言宗を生んだ覚鑁の寺

基本情報
所在地：和歌山県岩出市根来
山号：一乗山
開基：覚鑁

伝法会復活で旧高野山勢力と対立

紀ノ川《きのかわ》の下流域にある根来寺《ねごろじ》は新義《しんぎ》真言宗の総本山である。新義真言宗は、密教と念仏を融合させた一二世紀の僧・覚鑁《かくばん》を宗祖としている。

真言宗御室派《おむろは》の仁和寺《にんなじ》で学んだ覚鑁は、高野山内に大伝法院《だいでんぽういん》を完成させ、高野山で途絶えていた伝法会《でんぽうえ》（教育・研究制度）を復活させた。

これによって教学の振興と高野山の復興を図《はか》ったのであるが、旧高野山勢力の反発を招いたため、長承《ちょうしょう》元年（一一三二）、鳥羽上皇《とばじょうこう》から下賜《かし》された豊福寺《ほうふくじ》の境内《けいだい》に神宮寺《じんぐうじ》を建立した。これが根来寺の始まりである。

その後、大伝法院の院主と高野山の座主を兼任し、一山の改革に乗り出した覚鑁であったが、高野山の旧勢力との反目から金剛峯寺座主の座を譲り密厳院《みつごんいん》に隠棲《いんせい》。それでもなお、高野山旧勢力の襲撃にさらされたため、門弟《もんてい》七〇〇人余りとともに根来寺に移った。

根来寺と高野山との争いは覚鑁の死後も一五〇年ほど続き、何度も襲撃騒ぎや乱闘が起

覚鑁の業績

真言宗中興の祖とされる覚鑁は、高野山において伝法院を建立し、伝法会の復活に尽力するなどしたが、高野山や東寺の反発を受け、根来寺に籠って真義真言宗の基礎を作った。
平為里より寄進を受けて根来寺を建立。迫害を受けて高野山を去ったのちに移り住み、真義真言宗の拠点とした。
仁和寺
奈良
(南都)
根来寺
大治元年（1126）、高野山での修行後、荒廃していた高野山に大伝法院を建立し、伝法会を復興する。
高野山

こる事態となった。これを憂《うれ》えた学頭の頼瑜《らいゆ》が、一三世紀に覚鑁が高野山上に建立していた大伝法院と密厳院を根来寺に移して新しい教義を確立する。

ここに真言宗は古義《こぎ》と新義に分かれることになったのである。

根来寺の新義教学を慕う学徒は多く、寺は拡大の一途をたどり、室町時代末期になると、堂塔《どうとう》は八〇余り、建物は二七〇〇にのぼり、寺領七二万石余りを有する一大勢力に発展した。

しかしそのため戦国大名の争いに巻き込まれ、天正《てんしょう》一三年（一五八五）に豊臣秀吉によって焼き討ちにされ、大伝法院、多宝塔《たほうとう》、太師堂《たいしどう》のみを残して焼失した。

修行としきたり

即身成仏のための三密加持と穢れを焼き清める護摩行

●三密加持を身につけるための修行

密教の行《ぎょう》は教理の解釈・研究を行なう「教相《きょうそう》」と、実践的な修法である「事相《じそう》」にわかれる。

多様な行が行なわれるなかでも、真言密教の修道者がまず身につけなければならないのが、「三密加持《さんみつかじ》」。そのための修行が「四度加行《しどけぎょう》」である。

これは十八道行法《じゅうはちどうぎょうほう》、金剛界行法《こんごうかいぎょうほう》、胎蔵界行法《たいぞうかいぎょうほう》、護摩行法《ごまぎょうほう》という四段階の修行によって印《いん》と真言《しんごん》を体得し、仏を観想《かんそう》し、護摩の炎に不動明王を観想する法を学ぶことで「三密加持」を取得するものだ。

請願《せいがん》と授戒《じゅかい》ののち、結縁灌頂《けちえんかんじょう》を行なった入門者は、円通律寺《えんつうりつじ》や高野山大学など、高野山各地にある四度加行の修行場へ入る。四つの行には、本番の修行である正行《せいぎょう》と、本番の修行の前に行なう準備行の加行がある。

これら一連の行をなしえた行者が、師から密教の秘法を授けられたのち、胎蔵界、つい

真言宗のおもな修行

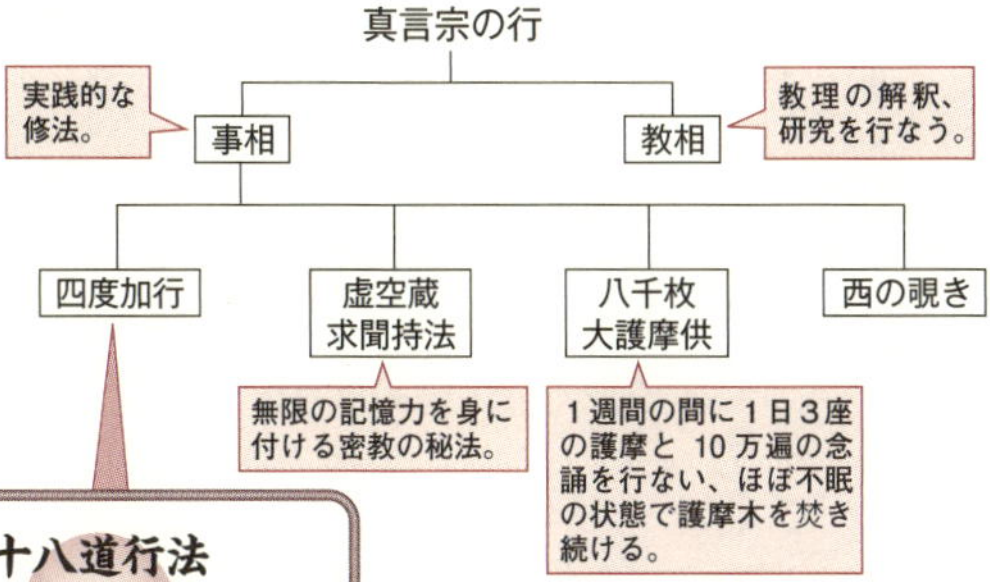

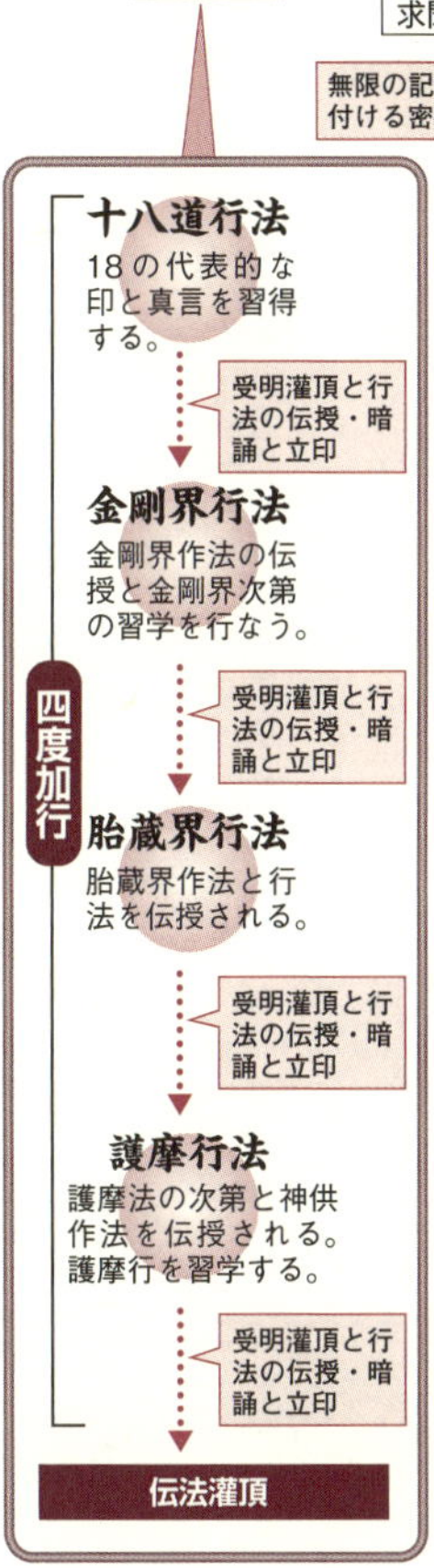

四度加行が行なわれる場所

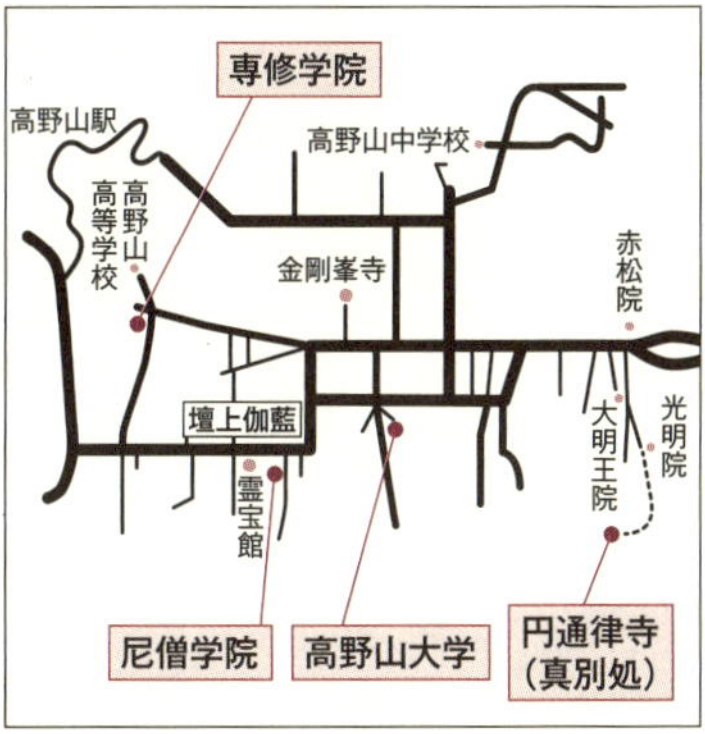

密教の修行では、三密加持を身につけることが求められる。そのため、真言宗の修行僧はまず四度加行を行なって、十八道行法、金剛界行法、胎蔵界行法、護摩行法を修得する。四度加行は基礎中の基礎の教えで、真言宗の僧となるための必須の行である。願書を提出したのち、面接を受け、入門が許されると四度加行の前に、理趣法加行と護身法加行を行なう。

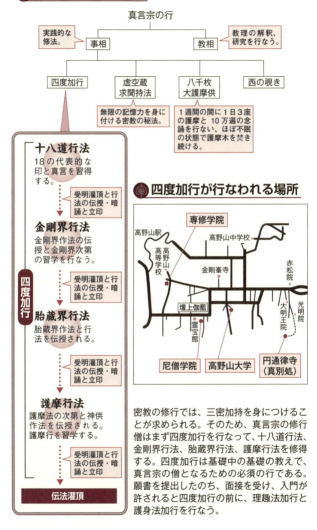

で金剛界の伝法灌頂の法を受け、阿闍梨《あじゃり》という真言僧になることができるのである。

密教の加持祈祷を修法と呼び、その代表的な法が「護摩」である。護摩には内《うち》護摩と外《げ》護摩のふたつがあり、内護摩では瞑想《めいそう》のなかで行なう観法《かんぽう》の形式を取る。一般に知られる護摩は後者のほうで、祈祷《きとう》の際、燃え盛る炎のなかに、真言を唱えながら木の札「護摩《ごま》木《ぎ》」を投げ入れる法である。

「護摩」の語は、「焚《た》く」という意味のサンスクリット語「ホーマ」を音読みした言葉。密教において「火」は、「如来の真実の智慧《ちえ》」と考えられており、火中に投じる供物《くもつ》を煩《ぼん》悩《のう》とみなし、それを燃やし悟《さと》りを得、同時に息災《そくさい》、増益《ぞうえき》、降伏《こうぶく》を祈願する。

そうした護摩行のなかでも、八千枚の護摩木を焚くという「八千枚護摩供《はっせんまいごまく》」は荒行《あらぎょう》として有名だ。

まず前行として二一日間、一日に一〇万回の真言を唱えながら一日に三回の護摩を焚く。疲労がピークに達したところで結願《けちがん》の日を迎え、一昼夜断食と断水を行なった状態で八千枚の護摩木を焚く行に入るのだ。

火炎地獄の苦しみさながらの荒行だが、これを満行《まんぎょう》することで、祈願が成就するとされる。

真言宗の一年
空海が入定した日に行なわれる御影供

●お衣替えの儀式もある「御影供」

高野山や東寺をはじめとした真言系諸本山では、宗祖である空海にまつわる法会《ほうえ》が多く催される。空海の入定《にゅうじょう》した三月二一日の「正御影供《しょうみえく》」や、六月一五日の宗祖降誕会《しゅうそごうたんえ》などがそれで、なかでも重要な法会が空海の業績を称《たた》え、報恩感謝《ほうおんかんしゃ》する儀式「御影供」である。

高野山では新暦と旧暦の二度にわたって行なわれ、空海の尊像を掲げて香花茶飯《こうげちゃはん》を供え、御衣《ぎょい》を献納する。

とくに旧暦の前夜には御逮夜《おたいや》が営まれ、壇上伽藍《だんじょうがらん》が灯明《とうみょう》などで彩られるなか、舞や詠《えい》歌《か》が奉納される。この日は普段は閉め切られた御影堂の扉が年に一度だけ開放され、一般の参拝者がお堂のなかに入り拝礼することができる。

翌日の御影供当日は空海の代わりを務める法印《ほういん》が、前年空海に奉納され、一年供養《くよう》されてきた御衣をまとい、輿《こし》に乗って入堂し、正御影供を執《と》り行なう。

この「御影供」は一〇世紀に東寺で観賢《かんげん》が始めたと言われ、高野山でも一一世紀には行なわれていた歴史ある法会である。

●学問研鑽のための行事

また、今も多くの学問僧が学ぶ真言宗では密教の経典や空海の著作などを学ぶ学問研鑽《けんさん》のための学道行事も多い。

現在、金剛峯寺の学問僧のステップアップとなる学道法会が、旧暦五月の竪精論議《りっせいろんぎ》、旧暦六月の内談義《うちだんぎ》と御最勝講《みさいしょうこう》、そして九月に行なわれる勧学会《かんがくえ》である。とくに勧学会は、空海の著作を学ぶ学問研鑽の儀式で、代表格といえる。

行事は「十日廻《まわ》し」「二十日廻し」「本会《ほんえ》」の三段階から構成され、「十日廻し」と「二十日廻し」で学修してきた成果を「本会」である勧学会において問答《もんどう》によって繰り返して論議する。一二世紀に鎌倉幕府を創設した源頼朝が始めたとされ、明治時代までは不合格者は大門から追放されるという厳しい掟《おきて》が課せられていた。

勧学会は、現在も高野山の僧侶にとって灌頂を授けることが許される「伝灯《でんとう》大阿闍梨」位を得るために欠かせない行事となっている。勧学会の期間中、学修者は高野山から出ることができず、厳粛ななかで儀式に集中する。一般には非公開の法会である。

真言宗のおもな年中行事

日付	行事
1月1日～3日、5日	修正会
2月3日	節分会
2月14、15日	常楽会
3月21日	正御影供
彼岸中日前後3日間	彼岸会
旧暦3月21日	旧正御影供
4月8日	仏生会
4月10日	大曼荼羅供
4月21日	奥之院萬燈会
5月3～5日	結縁灌頂
5月第2日曜日	戦没者慰霊法会
5月21日	墓所総供養奥之院大施餓鬼会
旧暦5月1、2日	山王院夏季祈り
旧暦5月3日	**山王院竪精**※
旧暦6月9、10日	**内談議**※
旧暦6月10、11日	**御最勝講**※
6月15日	宗祖降誕会
7月1日	准胝堂陀羅尼会
7月16日	御国忌
8月7～13日	不断経
8月11日	盂蘭盆会
8月13日	萬燈供養会（ろうそく祭り）
彼岸中日前後3日間	彼岸会
9月23日	一座土砂加持法会
9月	**勧学会**※
10月1～3日	奥之院萬燈会
10月1～3日	結縁灌頂
10月27日	諡號奉讃会

※学道のための法会

新暦「正御影供」での御衣の動き

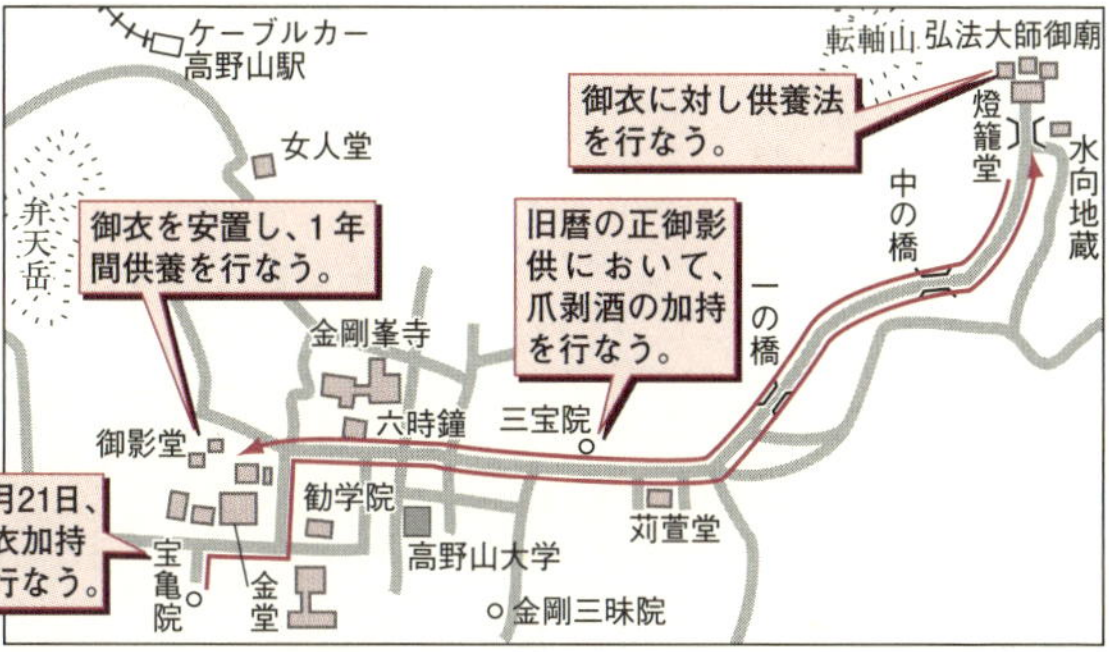

参拝の方法

本堂、大師堂の順に回り弘法大師への帰依を誓う

●寺院の中核は大師堂

日本の寺社・仏閣はそのほとんどが典型的な伝統建築であるため、同じ場所へ参拝しても、また新しい発見が待っている。寺院を参拝する機会には、本尊の安置される本堂《ほんどう》（仏《ぶつ》殿《でん》・仏堂《ぶつどう》）とその寺院の開祖や祖師《そし》をお祀りする御堂を参拝する。

真言宗の本尊は大日如来。弘法大師を祀《まつ》った「大師堂」が本堂に当たる。四国八十八箇所霊場《れいじょう》を始めとする弘法大師霊場巡礼では、本堂、次いで大師堂での参拝が欠かせない基本である。

また、時間のつごうで参拝できない場合には、本堂に向かって礼拝《らいはい》・合掌《がっしょう》する。

合掌の際に用いる数珠《じゅず》は、もともと念仏や陀羅尼《だらに》などを唱える際にその数を数えるための道具であった。それが、礼拝するときに威儀《いぎ》を整えて仏に向かう敬意を示す仏具となった。真言宗では、両手中指に描け、両手で包むようにして持つ。珠《たま》を手のなかに入れたまま摺《す》るように合掌するのが、真言宗ならではの特徴である。なお数珠（念珠《ねんじゅ》）は、宗派を

真言宗の数珠の持ち方

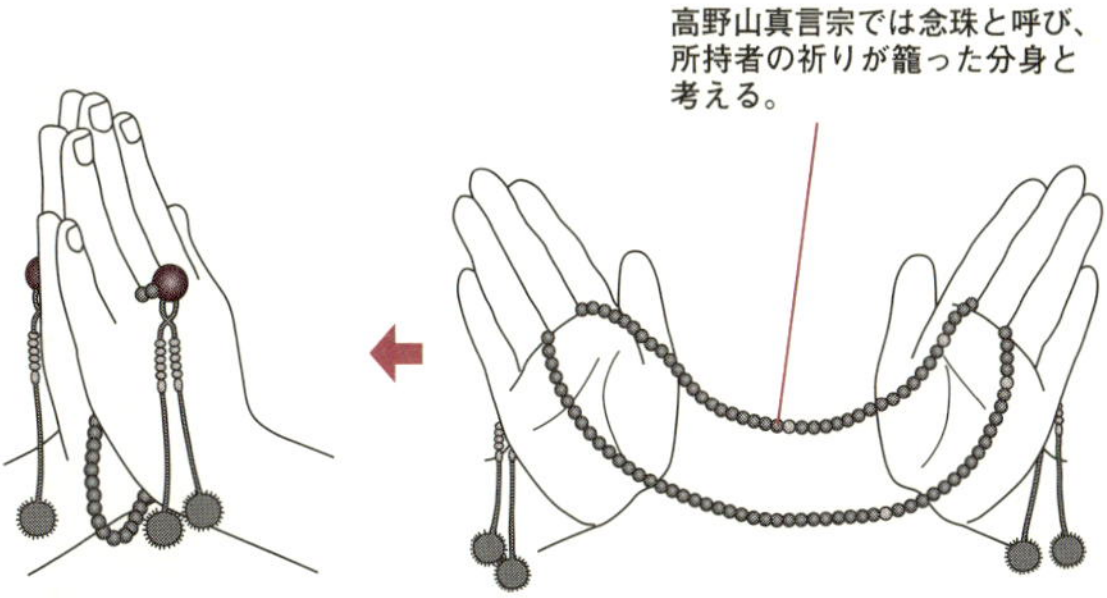
高野山真言宗では念珠と呼び、
所持者の祈りが籠った分身と
考える。

[手の合わせ方]
そのまま手を合わせる。自分のための行のときは房を手の平の中に入れ、内に垂らす。

[持ち方]
両手の中指にかけ、房は外に垂らす。

問わず基本的に自分用のものを用意すべきで、他との貸し借りをしない。

合掌・礼拝するときに行なう「お唱え」は、真言宗では、「南無《なむ》大師《だいし》遍照《へんじょう》金剛《こんごう》」。「南無」はサンスクリット語音の漢訳で「帰依《きえ》する、深く信心する」を意味する真言、「大師遍照金剛」は弘法大師である、開祖・空海のことを示し、「お大師様の光り輝く慈悲《じひ》、金剛石のような智慧《ちえ》に帰依します」という意味を持つ。

参拝は毎月の縁日《えんにち》に行なえば、よりいっそう霊験《れいけん》あらたかだと信仰されている。

真言宗は弘法大師の命日が三月二一日であることから、毎月の縁日は二一日となる。多くの寺院の縁日には、骨董市《こっとういち》やみやげ物の出店で賑《にぎ》わう。

真言宗の文化財

密教世界を表した曼荼羅と法具

真言宗のおもな文化財

国宝	曼荼羅	絹本著色仏涅槃図１幅	金剛峯寺
		絹本著色両界曼荼羅（伝・真言院曼荼羅）	東寺
	法　具	密教法具（伝弘法大師将来）	東寺
重要文化財	曼荼羅	絹本著色両界曼荼羅図（血曼荼羅）	高野山霊宝館
		絹本著色両頭愛染曼荼羅図	高野山霊宝館
		絹本著色九品曼荼羅図	清浄心院
		絹本著色阿弥陀浄土曼荼羅図	西禅院
		絹本著色八字文殊曼荼羅図	正智院
		絹本著色尊勝曼荼羅図	宝寿院
		絹本著色伝熊野曼荼羅図	竜泉院
	法　具	飛行（ひぎょう）三鈷杵（伝弘法大師所持）	高野山霊宝館
		金銅仏具（五鈷鈴２、独鈷鈴１、五鈷１、三鈷２、独鈷２）	高野山霊宝館
		金銅三鈷（伝覚鑁所持）	宝寿院

真言宗では根本経典である『大日経』と『金剛頂経』の世界を図像化した『胎蔵界《たいぞうかい》曼荼羅《まんだら》』『金剛界《こんごうかい》曼荼羅』を本尊とともに祀る。曼荼羅を前に印を結び、真言を唱えると、念じる仏の世界とひとつになるという。

真言宗では古来、曼荼羅が制作され、多くの文化財が伝えられている。高野山の金剛峯寺には平清盛《たいらのきよもり》の血を絵の具に混ぜて描いたと伝わる『両界《りょうかい》曼荼羅図（血曼荼羅）』や、『板彫《いたぼり》両界曼荼羅』が重要文化財として保存されている。また、東寺の両界曼荼羅は、九世紀の制作で国宝に指定されている。

第三章

浄土宗の総本山・大本山

浄土宗の教え

「南無阿弥陀仏」と称えれば誰でも極楽に行けると説く

【宗祖】法然《ほうねん》（一一三三年～一二一二年）
美作国《みまさかのくに》の押領使《おうりょうし》の家に生まれるも、一五歳で父を夜討ちで失い、出家《しゅっけ》。比叡山《ひえいざん》に入山して源光《げんこう》、皇円《こうえん》らに師事し、久安《きゅうあん》六年（一一五〇）に遁世《とんせい》して黒谷別所《くろたにべっしょ》の叡空《えいくう》に学んだ。南都遊学《なんとゆうがく》ののち、善導《ぜんどう》の『観経疏《かんぎょうしょ》』に出会い、浄土宗《じょうどしゅう》を開宗。称名念仏《しょうみょうねんぶつ》こそが極楽往生《ごくらくおうじょう》の唯一の方法であると説いた。延暦寺《えんりゃくじ》、興福寺《こうふくじ》は法然を敵視して弾圧を行なったため、建永《けんえい》二年（一二〇七）に土佐《とさ》に流罪《るざい》となった。赦免《しゃめん》されて帰洛《きらく》後、東山大谷《ひがしやまおおたに》にて没した。

【教え】専修念仏《せんじゅねんぶつ》
「南無阿弥陀仏《なむあみだぶつ》」と称《とな》えれば誰でも極楽往生できると説く。従来の仏教では厳しい修行を行なった者だけが成仏《じょうぶつ》できると考えられていた。そのため修行ができない庶民には無縁の教えであったが、浄土宗は「念仏」という誰もが実践できる救われる方法を説いた。

【本尊】阿弥陀如来《あみだにょらい》／【総本山】華頂山知恩教院《かちょうざんちおんきょういん》（知恩院《ちおんいん》）／【根本経典】「浄土三部経《じょうどさんぶきょう》」（『観無量寿経《かんむりょうじゅきょう》』『無量寿経《むりょうじゅきょう》』『阿弥陀経《あみだきょう》』）

浄土宗の系譜

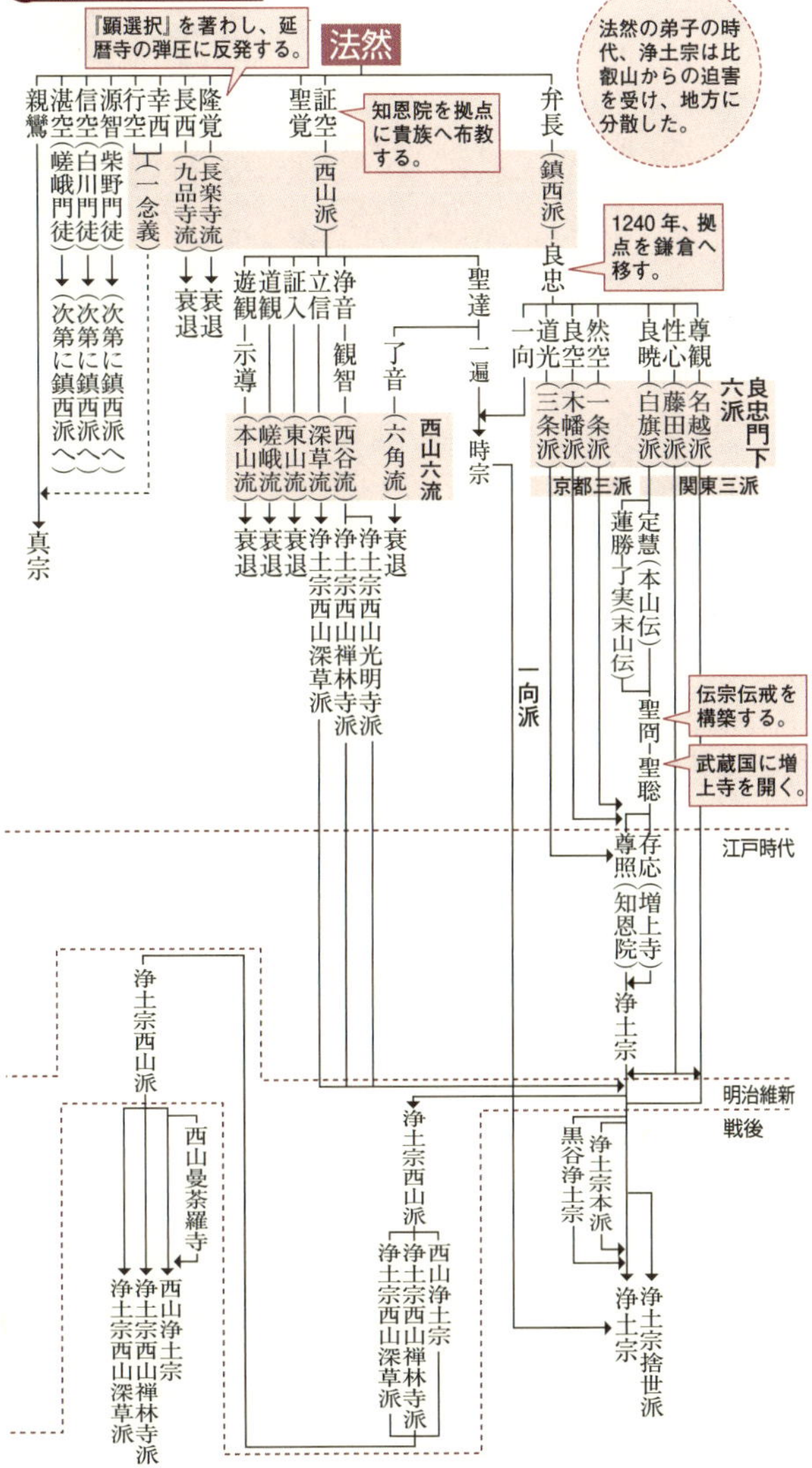

法然
『顕選択』を著わし、延暦寺の弾圧に反発する。
法然の弟子の時代、浄土宗は比叡山からの迫害を受け、地方に分散した。
親鸞
真宗
湛空（嵯峨門徒）
信空（白川門徒）
源智（紫野門徒）
（次第に鎮西派へ）
行空
幸西（一念義）
長西（九品寺流）
隆覚（長楽寺流）
衰退
聖覚
証空（西山派）
知恩院を拠点に貴族へ布教する。
遊観
示導
道観
証入
立信
浄音
観智
聖達
了音
一遍
時宗
本山流
嵯峨流
東山流
深草流
西谷流
六角流
西山六流
浄土宗西山深草派
浄土宗西山光明寺派
浄土宗西山禅林寺派
弁長（鎮西派）
良忠
1240年、拠点を鎌倉へ移す。
一向
道光
良空
然空
良暁
性心
尊観
三条派
木幡派
一条派
白旗派
藤田派
名越派
良忠門下六派
京都三派
関東三派
一向派
定慧（本山伝）
蓮勝
了実（末山伝）
聖冏
伝宗伝戒を構築する。
聖聡
武蔵国に増上寺を開く。
存応（増上寺）
尊照（知恩院）
浄土宗
江戸時代
明治維新
戦後
浄土宗西山派
西山曼荼羅寺
西山浄土宗
浄土宗西山禅林寺派
浄土宗西山深草派
浄土宗西山派
西山浄土宗
浄土宗西山禅林寺派
浄土宗西山深草派
黒谷浄土宗
浄土宗本派
浄土宗
浄土宗捨世派

知恩院

法然が入寂した場所に建立された寺

基本情報
所在地：京都府京都市東山区新橋通大和大路東入
山号：華頂山
開山：法然

迫害を受け続けた知恩院

浄土宗の総本山は京都市東山区にある知恩院《ちおんいん》で、正式名称は華頂山大谷寺知恩教院《かちょうざんだいこくじちおんきょういん》。法然が念仏を広めるために開山し入寂《にゅうじゃく》した場所に、弟子の源智《げんち》が寺院を創建した。

建暦《けんりゃく》元年（一二一二）に法然が大谷禅房《おおたにぜんぼう》（現在の勢至堂《せいしどう》周辺）で往生を遂《と》げると、弟子たちはその遺骸《いがい》を葬《ほうむ》り、廟堂《びょうどう》を建てた。

しかし念仏停止《ちょうじ》を訴える延暦寺《えんりゃくじ》の衆徒《しゅうと》らによって破壊されたため、遺骸を嵯峨《さが》に移し、粟生野《あおの》（現在の光明寺《こうみょうじ》）で荼毘《だび》に付して小倉山《おぐらやま》に埋葬した。

その後、大谷の地の荒廃を嘆いた弟子の源智は、法然の二十三回忌にあたる文暦《ぶんりゃく》元年（一二三四）、四条《しじょう》天皇に許しを得て、旧地に仏殿《ぶつでん》、御影堂《みえいどう》、総門《そうもん》などを建立する。これが知恩院の始まりである。法然の遺骨も寺へ移し、知恩院大谷寺と称した。

応仁《おうにん》元年（一四六七）に始まる応仁の乱で寺は焼失したが、住持《じゅうじ》が近江《おうみ》に逃れ、一寺（現在の新知恩院）を建立して、焼け落ちる寺から持ち出した法然の御影を安置した。その後、

未完成の御影堂

「満つれば欠くる世の習い」を教訓として、瓦を２枚屋根の上に置き、あえて未完成の状態にしている。
忘れ傘
名工・左甚五郎が知恩院を火災から守るまじないとして、傘を残していったとされる。

法然の御影を安置する、知恩院の本堂「御影堂」には、いくつもの仕掛けが施されている。図に示した２つの秘密のほかにも、廊下が侵入者を警戒する「鶯張り」になっている点も見逃せない。

朝廷の帰依《きえ》と幕府の援助により、旧地に阿弥《あみ》陀《だ》堂《どう》、御影堂を再建するなど復興を果たし、天正《てんしょう》三年（一五七五）には正親町《おおぎまち》天皇により浄土宗本山とすることを認められた。

さらに後奈良《ごなら》天皇より勅額《ちょくがん》を賜《たまわ》り、宗内でも確固たる権威を確立した知恩院は、織田《おだ》信長《のぶなが》や豊臣秀吉《とよとみひでよし》からも寄進《きしん》を受けるなど、経済的基盤も確立していく。

徳川家の菩提所となり、将軍が再建

そして江戸時代、天下統一を果たした徳川《とくがわ》家康《いえやす》が深く帰依したことがその後の浄土宗の躍進を決定づけることになった。

当時の知恩院の住持が徳川家の源流である三河松平《みかわまつだいら》家ゆかりの人物だったこともあり、

家康は将軍宣下《せんげ》と同時に知恩院を菩提所《ぼだいしょ》と定め、七年をかけてそれにふさわしい一大伽藍《がらん》を建立したのである。さらに家康は宮門跡《みやもんぜき》を置くなど、知恩院の権威を高めることにも尽力した。

二代将軍・秀忠《ひでただ》も父の遺志を受け継ぎ、世界一とうたわれた三門《さんもん》や経蔵《きょうぞう》などを造営したが、威容を誇った伽藍は寛永《かんえい》一〇年（一六三三）の火災で経蔵と宝蔵《ほうぞう》のみを残して焼失してしまう。

しかし三代将軍・家光《いえみつ》が本堂（御影堂）、華麗な障壁画《しょうへきが》が描かれた方丈《ほうじょう》、鶯張《うぐいすば》りで名高い廊下などを再建し、知恩院は旧観を上回る規模での復興を果たす。

現在の本堂（御影堂）はその時のもので、三〇〇〇人が一度に参拝可能な、京都でも一、二を争う大建築である。

知恩院の境内《けいだい》は土地の高低により上段、中段、下段の三層に分けることができる。

上段は大谷の禅房《ぜんぼう》と呼ばれたもともとの知恩院のあった場所で、宗祖法然の廟堂《びょうどう》や勢《せい》至堂《しどう》などがある。中段には国宝建築の御影堂を中心に、阿弥陀堂《あみだどう》、納骨堂《のうこつどう》、写経塔《しゃきょうとう》、大《だい》鐘楼《しょうろう》、唐門《からもん》などが並び、下段には全国の信徒《しんと》の道場である和順会館《わじゅんかいかん》や巨大な三門（国宝）、いくつもの塔頭《たっちゅう》寺院が配されている。

法然入寂の地に立つ知恩院

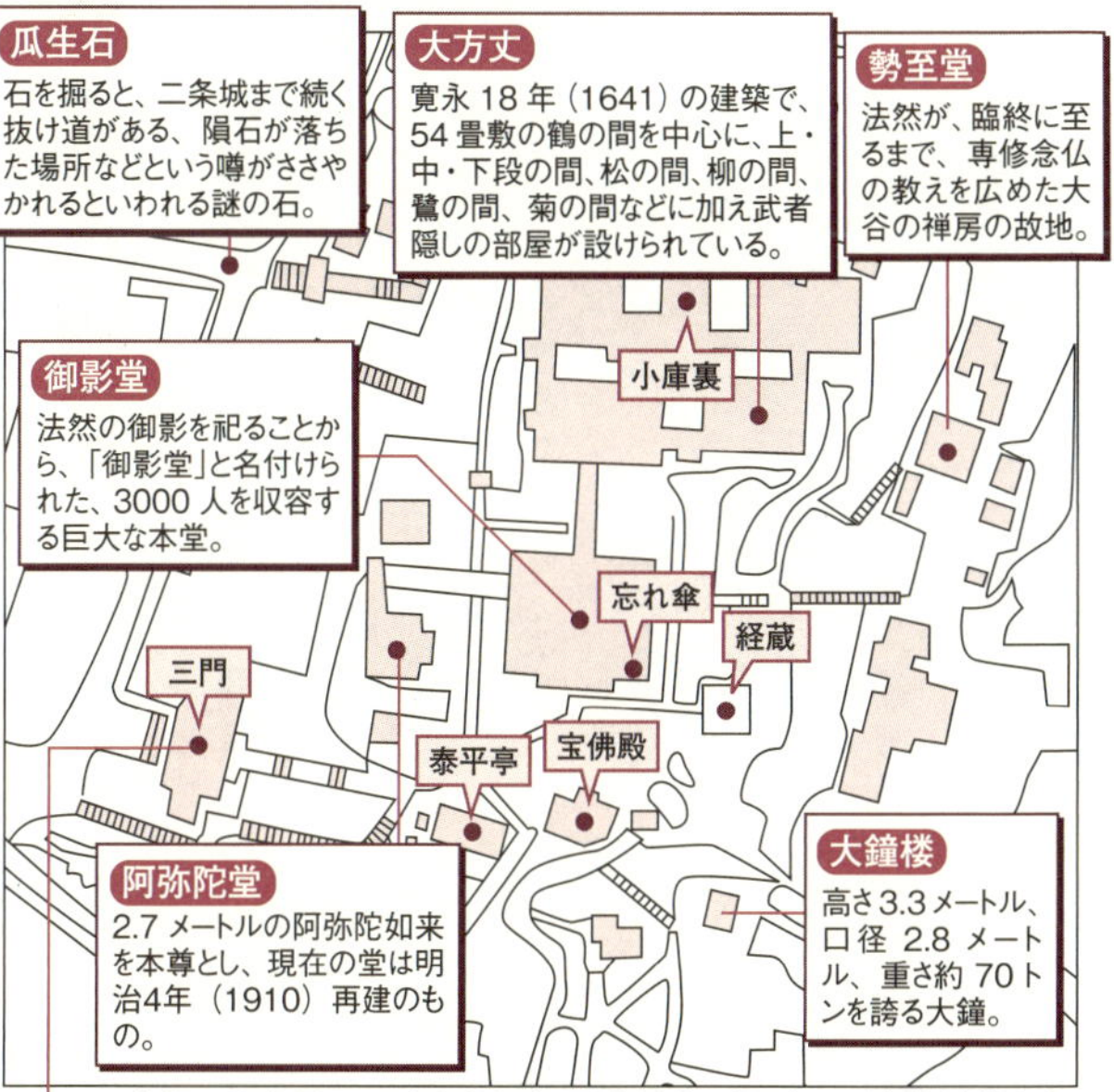
瓜生石
石を掘ると、二条城まで続く抜け道がある、隕石が落ちた場所などという噂がささやかれるといわれる謎の石。
大方丈
寛永18年（1641）の建築で、54畳敷の鶴の間を中心に、上・中・下段の間、松の間、柳の間、鷺の間、菊の間などに加え武者隠しの部屋が設けられている。
勢至堂
法然が、臨終に至るまで、専修念仏の教えを広めた大谷の禅房の故地。
小庫裏
御影堂
法然の御影を祀ることから、「御影堂」と名付けられた、3000人を収容する巨大な本堂。
忘れ傘
経蔵
三門
泰平亭
宝佛殿
大鐘楼
高さ3.3メートル、口径2.8メートル、重さ約70トンを誇る大鐘。
阿弥陀堂
2.7メートルの阿弥陀如来を本尊とし、現在の堂は明治4年（1910）再建のもの。

京都の町を見下ろすように知恩院が建つ場所は、法然が説法を行ない、専修念仏の教えを広めた吉水の故地である。

知恩院の三門
仏堂
三門の上層は仏堂となっており、釈迦如来像や十六羅漢像が安置される。
扁額
霊元天皇宸筆による「華頂山」の額は畳2畳分の巨大サイズ。
屋根瓦
本瓦葺の屋根。使用されている屋根瓦の数は7万枚に及ぶ。
高さは24m、幅50mに達し、現存最大級の山門である。

知恩院の三門は、山門建築のなかでも最大級の規模を誇る。

金戒光明寺

法然を念仏伝道の地へと導いた奇跡の石

金戒光明寺の山門

応仁の乱での焼失後、万延元年（1860）に再建された山門で、高さ約23メートルの威容を誇る。

基本情報

所在地：京都府京都市左京区黒谷町
山号：紫雲山
開山：法然

金戒光明寺《こんかいこうみょうじ》は、比叡山を下りた法然が最初に草庵を結んだ場所に建つ浄土宗大本山のひとつで、黒谷《くろたに》とも呼ばれる。

参詣の際に見逃せないのが、境内の紫雲石《しうんせき》。念仏の教えを説く場所を捜し求めていた法然がこの石に腰掛けたところ、石から紫の雲が立ち上るのを目の当たりにしたと伝わる石である。

法然はこれを善導《ぜんどう》のお導きと捉え、この地に草庵を編むことにしたのだとか。

寺には法然自筆の「一枚《いちまい》起《き》請文《しょうもん》」や、肖像画「鏡の御影」などが寺宝として伝わる。

増上寺

幕府の庇護を受け、一時は一宗を統括した大本山

増上寺の本堂

本堂に当たる大殿と東京タワー。かつて増上寺は 20 数万坪の境内を持っていた。

およそ二万七〇〇〇坪の境内を持つ、港区芝の増上寺《ぞうじょうじ》。高さ二三メートルの威容を誇る三門や壮大な規模の本堂に加え、境内の裏手には徳川家の廟所《びょうしょ》があり、二代秀忠《ひでただ》、六代家宣《いえのぶ》、七代家継《いえつぐ》、九代家重《いえしげ》、一二代家慶《いえよし》、一四代家茂《いえもち》といった歴代将軍の霊廟が並んでいる。

これは増上寺が徳川将軍家の菩提所であったためである。

明徳《めいとく》四年（一三九三）、念仏の中心道場として始まった増上寺は、第一二世存応《ぞんおう》のときに徳川家康の帰依を受け、一時は一宗を統括する機関となった。

基本情報

所在地：東京都港区芝公園
山　号：三縁山
開　基：聖聡

修行としきたり

厳しい修行よりも念仏を重視する

念仏を十回称える十念

浄土宗は、仏教の修行に対する考えを大きく変えた宗派でもある。

浄土宗以前の仏教では、厳しい修行を行なうことで、悟《さと》りを得て自ら仏になることができると考えられていた。しかしその修行は一般庶民にはなかなか実践することができない難行道《なんぎょうどう》である。

これに対して浄土宗では厳しい修行を重視せず、ただ「南無阿弥陀仏」と念仏を称えるだけで極楽浄土に行けるという誰もができる易行道《いぎょうどう》を説いた。

そのため浄土宗では一般に修行とされる行は課されていない。ただ大切な行は日々、念仏を称《とな》えること、つまり称名念仏《しょうみょうねんぶつ》であるとして、宗祖の法然は「三心も南無阿弥陀仏、五念も南無阿弥陀仏、四修も南無阿弥陀仏なり」と語っている。念仏の中にすべての行が含まれているとの教えである。

とはいえ、僧として必要な作法や教学を身につける「修行」は行なわれる。大本山のひ

念仏選び取りの経緯

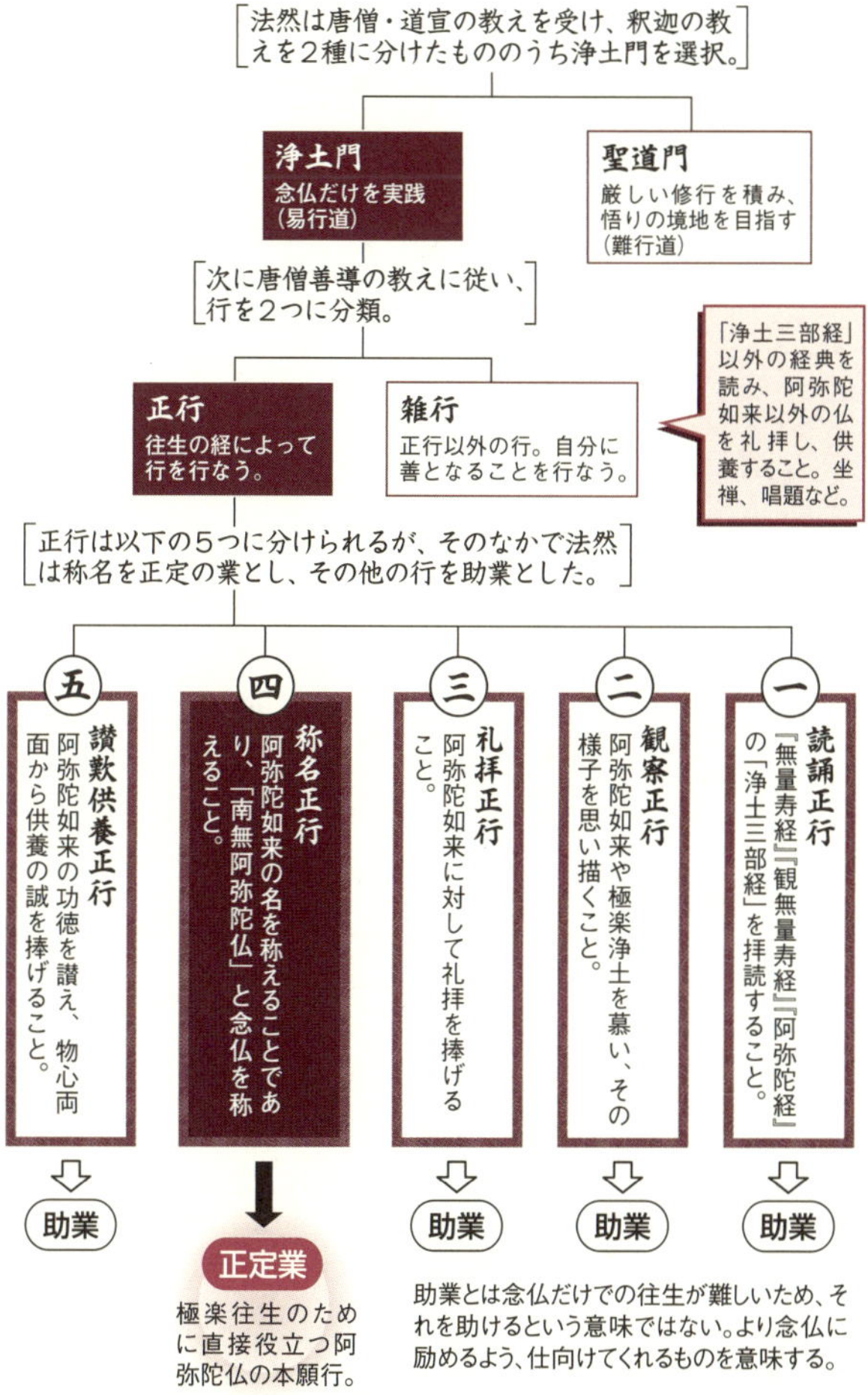

法然は修行方法として５つの正行のなかで、正定業として阿弥陀仏の本願行である称名正行を選び取るよう説く。それゆえ浄土宗では念仏を称えることを修行の第一義とする。

とつ金戒光明寺《こんかいこうみょうじ》では、「浄土宗教師修練道場」が置かれ、念仏や読経《どきょう》仏《ぶつ》の礼拝など、浄土宗の教義を研究する「修行」が行なわれている。

　ではどのように念仏を称えればよいのか。

「日常勤行式《にちじょうごんぎょうしき》」では香《こう》を焚《た》いて穢《けが》れを清める「香偈《こうげ》」に始まり、「三宝礼《さんぼうらい》」、「四奉請《しぶじょう》」、「懺悔偈《ざんげげ》」とさまざまな読経や念仏作法が定められており、一般信徒は朝晩二回の日課念仏を基本とする。

　称え方にもさまざまあり、仏壇の前で礼拝しながら三遍の念仏を称えて一礼する作法を三回繰り返す三唱礼《さんしょうらい》、回数を数えずに自分の心のままにひたすら念仏を称える念仏一会《ねんぶついちえ》、念仏を一〇回称える十念《じゅうねん》などがある。

　このうち一般的なのは十念である。これは極楽浄土に往生できる、幸せになれると念じて念仏を一〇回称える作法だが、称え方に特徴がある。

　四回目までは「ナムアミダブ」と「ツ」を入れずに一気に称え、一息入れてまた同じように四回続ける。

　それから九回目に「ナムアミダブツ」と初めて「ツ」を声に出して称え、最後にゆっくりと再び「ナムアミダブ」と「ツ」を発音せずに称える。

浄土宗の一年

大晦日に響きわたる国内最大級の大梵鐘

●一七人がかりで鳴らす除夜の鐘

浄土宗の年中行事のなかでも、大晦日《おおみそか》に撞《つ》かれる知恩院の「除夜《じょや》の鐘《かね》」は京都の冬の風物詩として有名だ。

仏教では心身を煩《わずら》わし、正しい判断をさまたげる心の働きのことを「煩悩《ぼんのう》」といい、これが一〇八個あるという。除夜の鐘を一〇八回鳴らすことで、一年の煩悩をひとつずつ洗い流し、新しい清浄な気持ちで一年を迎えられるのである。

知恩院の除夜の鐘が特別注目されるのは、鐘の大きさとその独特の鳴らし方にある。

その梵鐘《ぼんしょう》は高さ三・三メートル、直径二・八メートル、重さ約七〇トンという日本最大級のもの。寛永《かんえい》一三年（一六三六）に鋳造《ちゅうぞう》された歴史あるもので、京都方広寺《ほうこうじ》、奈良東大寺《とうだいじ》の梵鐘と並ぶ三大梵鐘として知られている。

その鐘が鳴らされるのは四月の法然上人《しょうにん》の御忌大会《ぎょうきだいえ》と大晦日の除夜の鐘だけ。しかも僧侶が一七人がかりで撞くという独特の様相を呈する。親綱を持った撞き手が「えーい、ひと一つ」と掛け声を発すると、子綱を持つ一六人が「そーれ」と撞木《しゅもく》を大きく引く。続いて撞き手が撞木に仰向けにぶら下がるようにして一分間に一回、全身を使って鐘を打ち鳴らし、何ともダイナミックな光景が展開されるのだ。

さらに梵鐘の周りでは鐘が鳴らされるたびに僧侶三人が五体投地《ごたいとうち》の礼拝を行なって祈りを繰り返す。まさに一年の締めくくりにふさわしい荘厳な風景といえよう。

浄土宗の代表的な年中行事のひとつに、秋に行なわれる十夜法要《じゅうやほうよう》がある。

もともと天台宗のお寺で貴族のために行なわれていた十夜法要を明応《めいおう》四年（一四九五）、鎌倉光明寺《こうみょうじ》の観誉祐崇《かんよゆうすう》上人が土御門《つちみかど》天皇の前で行なったのが始まりとされる。このとき、祐崇上人は「十日十夜、善を積むことによる功徳《くどく》」を説き、天皇の許しを得て鎌倉でも民間法要として行なった結果、全国の浄土宗寺院へ広まった。

本来は一〇月に十日十夜にわたって行なわれていたが、今では一〇月か一一月に五日、三日、一日などの期間で行なわれている。

起源となった鎌倉の光明寺では、一〇月一二日の夕方から一五日の三夜にかけて行なわれ、独特の節回しの引声《いんせい》阿弥陀経、引声念仏の法要と、稚児礼賛舞《ちごらいさんまい》が見どころとなっている。

浄土宗のおもな年中行事

日　付	行　　事
1月1日	修正会
1月18日	御忌定式
2月3日	追儺式
2月13日～15日	涅槃会
2月29日	鎮西忌
3月14日	善導忌
3月18日～24日	春季彼岸会
4月7日	宗祖降誕会
4月8日	花祭り
4月18日～25日 （知恩院）	御忌（法然上人忌日法要） ・18日、御忌大会開白法要 ・18日～19日、 「ミッドナイト念仏 in 御忌」
4月25日	献茶式
	放生会
7月6日	記主忌
7月15日	盂蘭盆会
9月20日～26日	秋季彼岸会
10月または11月	十夜法要
10月15日	放生会
10月23日～25日	萬部会
12月2～4日	佛名会
12月8日	成道会
12月31日	除夜の鐘

参拝の方法

阿弥陀如来と法然の前で一身に念じる

●浄土宗と念仏

浄土宗の総本山である知恩院には、国宝の三門、御影堂のほか、阿弥陀堂、大鐘楼、勢至堂、御廟など見所は多い。なかでも阿弥陀堂と御影堂は必ず参拝するようにしたい。

浄土宗は、知恩院を総本山とし、増上寺《ぞうじょうじ》（東京都港区）、金戒《こんかい》光明寺（京都市左京区）、知恩寺《ちおんじ》（京都市左京区）、清浄華院《しょうじょうけいん》（京都市上京区）、善導寺《ぜんどうじ》（久留米市善導寺町）、光明寺（鎌倉市材木座）、善光寺大本願《ぜんこうじだいほんがん》（長野市元善町）の七つの大本山がある。

知恩院同様、これらの寺院の多くが、法然を祀《まつ》る（御影堂、大殿）と阿弥陀堂を中心とした伽藍配置となっている。

また、知恩院の大鐘楼は有名で、除夜の鐘は親綱ひとり、子綱一六人、計一七人の僧侶によって撞《つ》かれる。一般には寺院参拝の折に撞くことができるが、知恩院では、撞くことはできない。

浄土宗では阿弥陀堂や御影堂・大殿などで合掌《がっしょう》するときには、二連の数珠《じゅず》を用いる。

浄土宗の数珠の持ち方

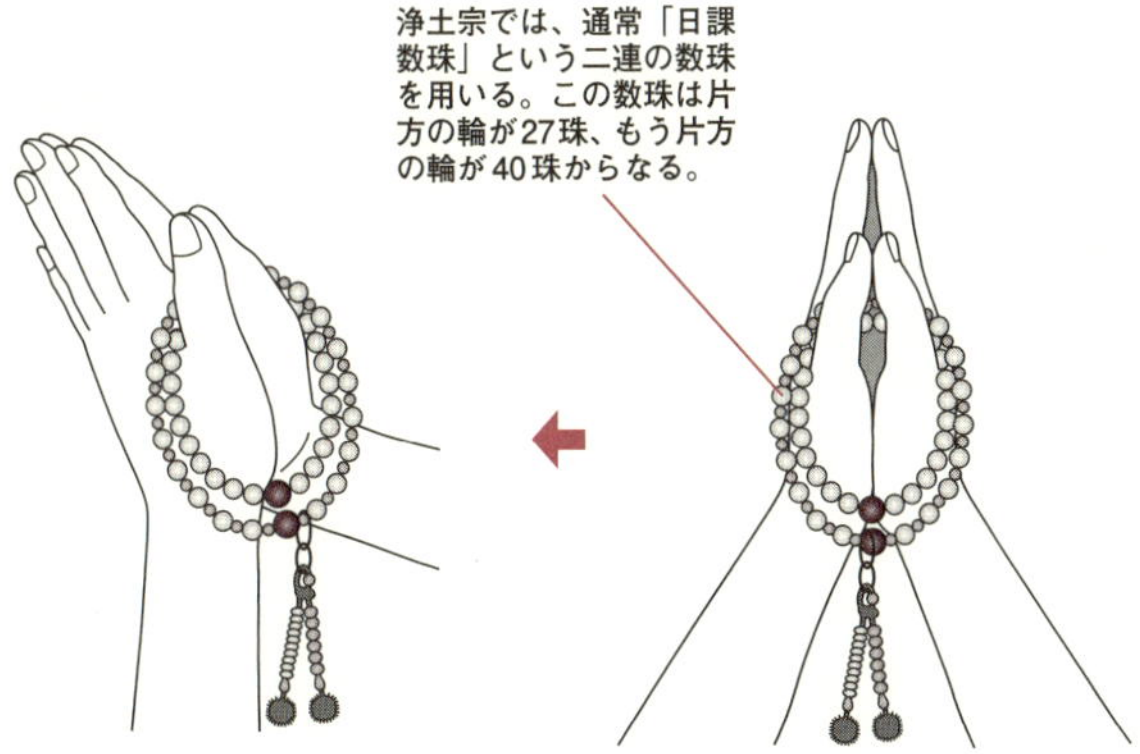
浄土宗では、通常「日課数珠」という二連の数珠を用いる。この数珠は片方の輪が27珠、もう片方の輪が40珠からなる。

[手の合わせ方]
房は手と体の間、手前に垂らす。

[持ち方]
合掌した両手の親指にかける。

この形の数珠の誕生には、法然の逸話がある。同・宗務庁発行の『よくわかる浄土宗の作法』には、ある堕落《だらく》した陰陽師《おんみょうじ》が改心して法然の弟子となったが、たびたび数珠の緒が擦り切れる熱心な念仏者となり、それまでの数珠を左右それぞれの手に持って念仏を数えた。これに法然はいたく感心したという。

後世になって称念《しょうねん》上人（一五一三～一五五四）がそれを原型に現在の数珠を考案したというもの。

浄土宗の参拝では「南無阿弥陀仏（計り知れないほどの力を持った阿弥陀仏に、心身を捧げます）」と祈願の言葉で念じる。念仏を称えることと自体が修行であり、報恩の行であり、この称名念仏が何より重視される。

知恩院の文化財

末法思想から生まれた浄土芸術

浄土宗ならではの文化財としては、浄土芸術に注目したい。

浄土宗の本尊・阿弥陀如来像や、阿弥陀如来と諸菩薩が来迎《らいごう》する極楽往生の様子を描いた『阿弥陀来迎図』、極楽世界を描いた『地獄極楽図』などの逸品《いっぴん》が数多く残る。なかでも鎌倉時代に制作された国宝の『阿弥陀二十五菩薩来迎図』は、画面左上から、右下にいる念仏者に向かって、雲に乗り来迎する阿弥陀如来と二十五菩薩の疾走感《しっそうかん》溢れる描写から、「早来迎《はやらいごう》」と称され、来迎図の白眉として名高い。

知恩院のおもな文化財

国宝	紙本著色法然上人絵伝 48 巻
	絹本著色阿弥陀二十五菩薩来迎図
重要文化財	絹本著色阿弥陀経曼荼羅図
	絹本著色観経曼荼羅図
	絹本著色紅玻璃阿弥陀像
	絹本著色地蔵菩薩像
	紙本著色法然聖人絵
	絹本著色阿弥陀浄土図
	木造阿弥陀如来立像（本堂安置）
	木造善導大師立像（本堂安置）
	木造勢至菩薩坐像（勢至堂安置）
	木造釈迦如来及両脇侍（善財童子・月蓋長者）像3躯・木造十六羅漢坐像 16 躯（三門上層安置）
	刺繍須弥山日月図九条袈裟屏風仕立
	紺紙金字後奈良天皇宸翰阿弥陀経

第四章

浄土真宗の本山

浄土真宗の教え

「絶対他力」「悪人こそ救われる」と説く

【宗祖】親鸞《しんらん》（一一七三年〜一二六二年）

日野有範《ひのありのり》の子として生まれ、九歳で出家《しゅっけ》。比叡山《ひえいざん》で学んだ後、二九歳の時に京都六角《ろっかく》堂《どう》にて夢のお告げを受け、法然《ほうねん》の弟子となる。建永《けんえい》二年（一二〇七）の法難《ほうなん》で越後《えちご》に流されると、以来、非僧非俗《ひそうひぞく》の愚禿《ぐとく》と称し、常陸《ひたち》を拠点に布教。法然の教えを深化させた。

【教え】絶対他力《ぜったいたりき》・悪人正機《あくにんしょうき》

阿弥陀如来《あみだにょらい》の本願《ほんがん》の力を信じて「南無阿弥陀仏《なむあみだぶつ》」と称《とな》える（称名《しょうみょう》）ことで、必ず誰もが極楽《ごくらく》に往生《おうじょう》できるとの信仰の基本は浄土宗《じょうどしゅう》と同じ。しかし浄土真宗《じょうどしんしゅう》では親鸞によって、それは「阿弥陀仏によって、すでに救われていることへの感謝の念仏《ねんぶつ》」と説かれ、浄土信仰が「絶対他力」のものへ一歩進められた。また、煩悩《ぼんのう》を持ち、自己の罪悪に気づいた者こそ救われるとする「悪人正機」も教えの特徴である。

【本尊】阿弥陀如来／【本山】西本願寺《にしほんがんじ》・東本願寺《ひがしほんがんじ》・専修寺《せんじゅじ》など／【根本経典】『浄土三部経』（「観無量寿経《かんむりょうじゅきょう》」「無量寿経《むりょうじゅきょう》」「阿弥陀経《あみだきょう》」）、その他、親鸞の主著『教行信証《きょうぎょうしんしょう》』などを尊ぶ。

浄土真宗の系譜

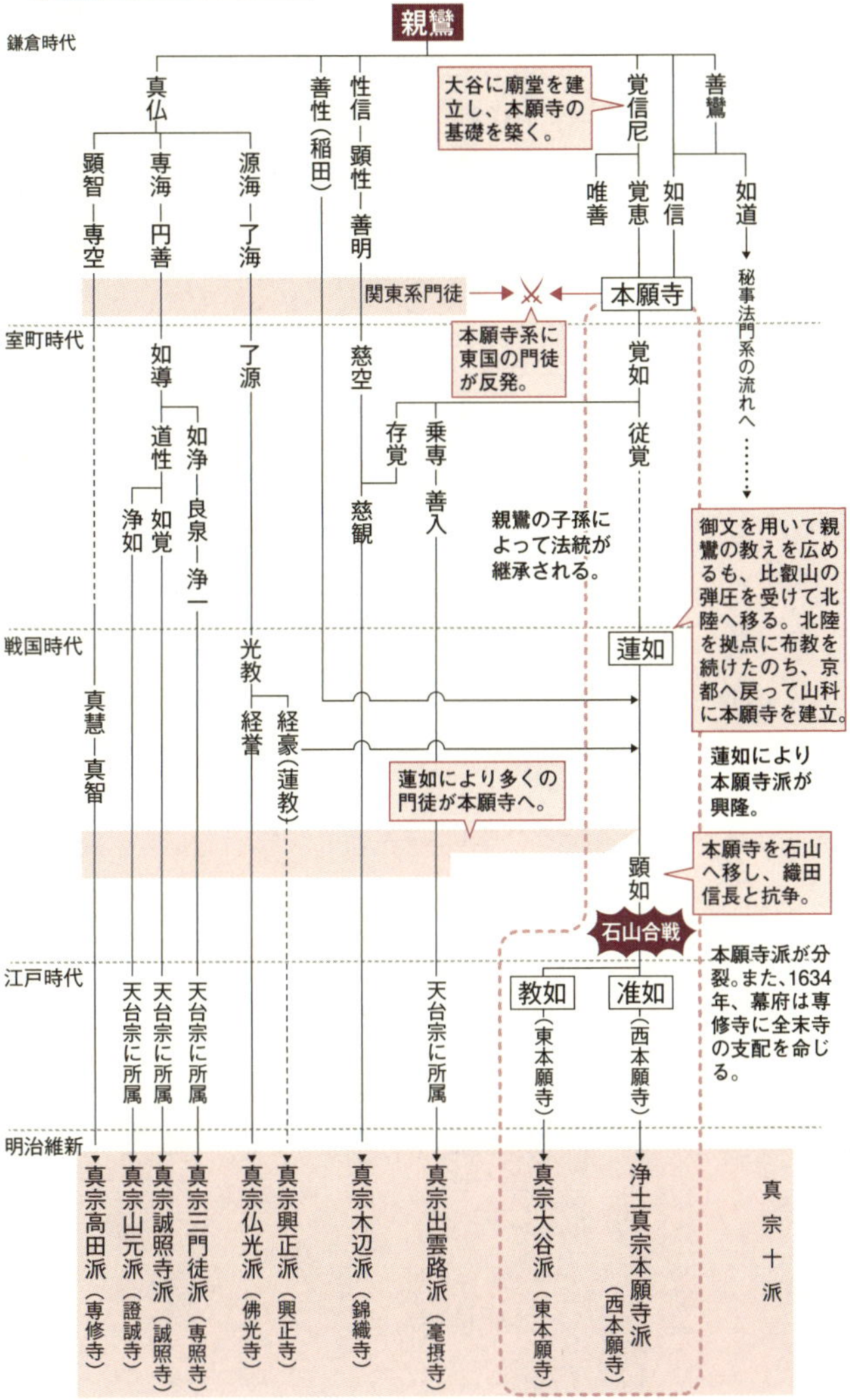
親鸞
鎌倉時代
室町時代
戦国時代
江戸時代
明治維新
真仏
善性（稲田）
性信―顕性―善明
大谷に廟堂を建立し、本願寺の基礎を築く。
覚信尼
善鸞
顕智―専空
専海―円善
源海―了海
唯善
覚恵
如信
如道
秘事法門系の流れへ
関東系門徒
本願寺
本願寺系に東国の門徒が反発。
如導
了源
慈空
覚如
道性
如浄
存覚
乗専
従覚
浄如
如覚
良泉―浄一
慈観
善入
親鸞の子孫によって法統が継承される。
御文を用いて親鸞の教えを広めるも、比叡山の弾圧を受けて北陸へ移る。北陸を拠点に布教を続けたのち、京都へ戻って山科に本願寺を建立。
蓮如
真慧―真智
光教
経誉
経豪（蓮教）
蓮如により本願寺派が興隆。
蓮如により多くの門徒が本願寺へ。
顕如
本願寺を石山へ移し、織田信長と抗争。
石山合戦
本願寺派が分裂。また、1634年、幕府は専修寺に全末寺の支配を命じる。
教如（東本願寺）
准如（西本願寺）
天台宗に所属
天台宗に所属
天台宗に所属
天台宗に所属
真宗高田派（専修寺）
真宗山元派（證誠寺）
真宗誠照寺派（誠照寺）
真宗三門徒派（専照寺）
真宗仏光派（佛光寺）
真宗興正派（興正寺）
真宗木辺派（錦織寺）
真宗出雲路派（毫摂寺）
真宗大谷派（東本願寺）
浄土真宗本願寺派（西本願寺）
真宗十派

西本願寺

織田信長と一一年もの間戦い続けた寺

基本情報

所在地：京都府京都市下京区堀川通花屋町
山　号：龍谷山
開　基：顕如

親鸞の墓を移動させた廟堂が寺院化

浄土真宗本願寺派の本山で、龍谷山《りゅうこくざん》と号す。浄土真宗大谷派《おおたには》本山の東本願寺とは起源が同じだが、江戸初期に分裂し、「西本願寺」「お西《にし》さん」などと呼ばれるようになった。

分裂以前の本願寺は、もともと宗祖である親鸞の墓を、末娘の覚信尼《かくしんに》が当時嫁《か》して住んでいた吉水《よしみず》の地に移した「大谷廟堂《びょうどう》」が始まり。弘長《こうちょう》二年（一二六三）一一月に荼毘《だび》に付された親鸞の遺骨が鳥辺野《とりべの》の北にある大谷の地に納骨されたのち、文永《ぶんえい》九年（一二七二）、廟堂が整備されたのである。その後、親鸞の孫の覚如《かくにょ》が本願寺として寺院化させた。

以後、血脈相承《けつみゃくそうしょう》を謳《うた》い、第七世存如《ぞんにょ》によって御影堂《ごえいどう》と阿弥陀堂が並ぶ伽藍《がらん》形式が定まった。しかし、本願寺の教線《きょうせん》は次第に衰退し、近世には天台宗《てんだいしゅう》の門跡《もんぜき》寺院である青蓮院《しょうれんいん》の末寺の一つとなってしまう。そうしたなか第八世となった蓮如《れんにょ》は積極的な布教活動で教線を拡大し、親鸞の血統で継承される本願寺派が浄土真宗の一大勢力となっていく。

しかし、勢力拡大に伴い比叡山に敵視され始め、寛正《かんせい》六年（一四六五）に大谷が襲撃さ

本願寺と一向一揆

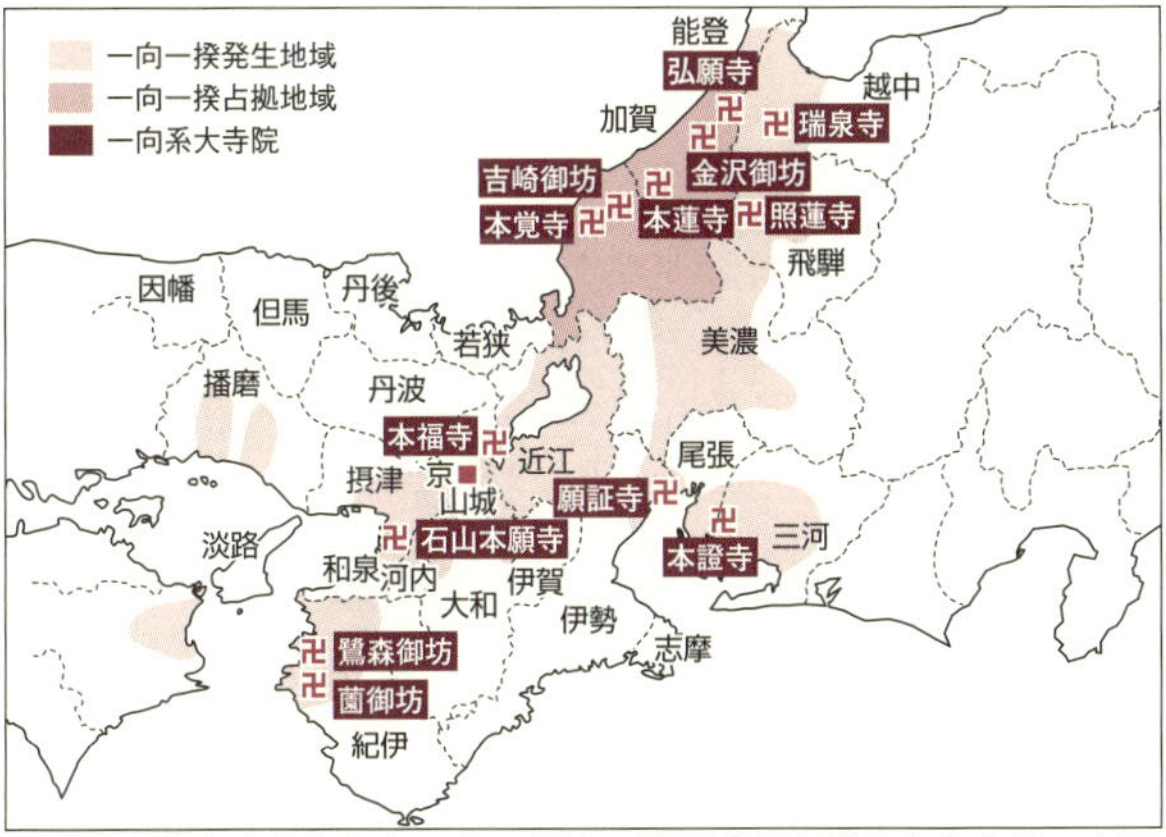

本願寺門徒を中心とした一向一揆は、戦国時代の畿内から北陸、東海にかけて猛威を振るい、織田信長と熾烈な石山合戦を繰り広げた。

れ、堂舎《どうしゃ》も破壊されてしまう。

そこで蓮如は越前吉崎《えちぜんよしざき》へと逃れて北陸に基盤を築くが、やがて京都に戻り、山科《やましな》本願寺を建立した。

こうして浄土真宗は日本全国に広まり、社会的な一大勢力となった。蓮如は一三男一四女をもうけたとされ、その子息を各地の有力寺院に配置し、本願寺教団の礎《いしずえ》を築いたのである。しかし、山科本願寺も応仁《おうにん》の乱によって焼失してしまう。結局一〇世証如《しょうにょ》が石《いし》山《やま》へ祖像を移して本願寺とした。

親子の意見の相剋から教団の分裂へ

戦国時代、本願寺は最大の危機を迎えた。

蓮如以後、各地では浄土真宗の門徒を中心とする一向一揆《いっこういっき》が続発していた。特に加賀《かが》一向一揆は、守護《しゅご》の富樫《とがし》氏を倒し、約一〇〇年にわたり自治を行なうほどだった。

こうした状況下、天下統一を進める織田信長《おだのぶなが》は一揆勢力の殲滅《せんめつ》に乗り出し、中核であった本願寺との戦いを開始した　しかし、さすがの信長も、堅牢《けんろう》な石山本願寺の攻略には苦慮《くりょ》し、結果として戦いは一一年もの長きにわたった。それでも石山本願寺は次第に追い詰められ、天正《てんしょう》八年（一五八〇）に信長の石山明け渡しの和睦《わぼく》提案を受け入れた。

しかし、この和睦の受け入れを巡って、当時の宗主である第一一世顕如《けんにょ》と、その長男の教如《きょうにょ》が対立する事態になった。顕如が和睦策を受け入れ、石山を退去して紀州鷺ノ森《きしゅうさぎのもり》の別院に移ったのに対し、教如はあくまで徹底抗戦を主張したのである。

当初、教如は顕如の退去後も石山に残って戦い続けたが、結局、石山に火をかけて逃れ、畿内に潜伏することになる。この顕如と教如の対立が、後に本願寺が東西に分かれる一因となった。

本能寺《ほんのうじ》の変後、天下人となった豊臣秀吉《とよとみひでよし》は、天正一九年（一五九一）、京都七条堀川《しちじょうほりかわ》に一〇万余歩の土地を寄進《きしん》。こうして本願寺が約一二〇年ぶりに京都に戻る。これが後の西本願寺である。

西本願寺の堂宇

阿弥陀堂

他宗の寺院の本堂に当たる建物。本尊の阿弥陀如来と聖徳太子を祀る。東西 42m、南北 45m、高さ25m で阿弥陀堂としては国内最大級。

御影堂

親鸞聖人の肖像を安置する西本願寺最大の建造物。東西 48m、南北 62m、高さ29mの規模を持つ。

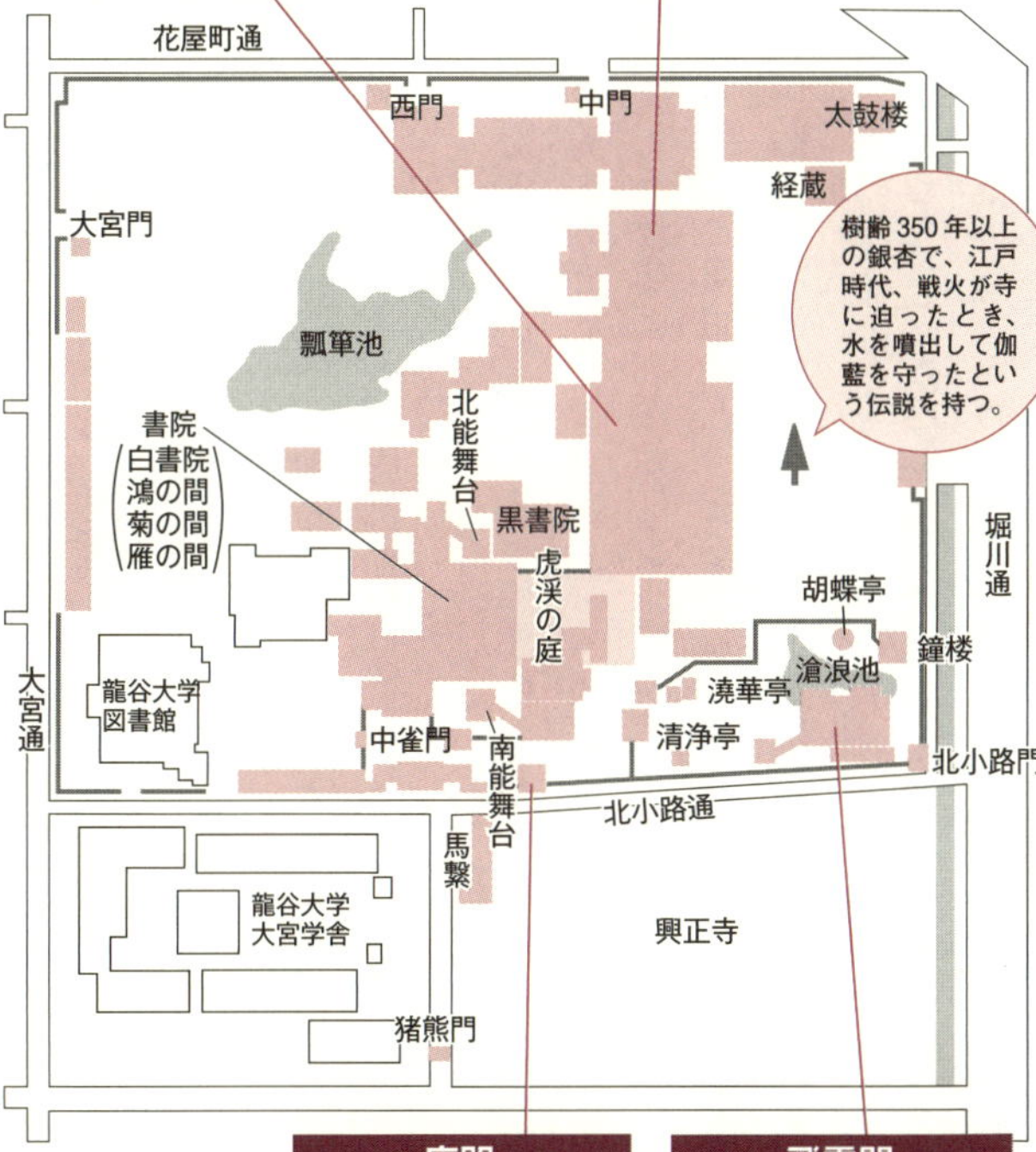

花屋町通
西門
中門
太鼓楼
経蔵
大宮門
瓢箪池
樹齢 350 年以上の銀杏で、江戸時代、戦火が寺に迫ったとき、水を噴出して伽藍を守ったという伝説を持つ。
書院
白書院
鴻の間
菊の間
雁の間
北能舞台
黒書院
虎渓の庭
胡蝶亭
堀川通
鐘楼
滄浪池
澆華亭
龍谷大学図書館
大宮通
中雀門
南能舞台
清浄亭
北小路門
北小路通
馬繋
龍谷大学大宮学舎
興正寺
猪熊門

唐門

北小路通に面して建つ、書院への正門。唐獅子や麒麟などの豪華な装飾が施された門で、京都の「国宝三大唐門」のひとつ。

飛雲閣

書院造の建物で、54畳敷の鶴の間を中心に豪華な部屋が並ぶ。豊臣秀吉が築いた聚楽第の遺構のひとつともいわれるが定かではない。

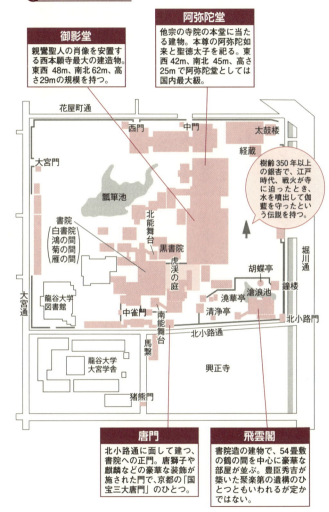

東本願寺

徳川家康によって東西に分かれた寺

基本情報

所在地：京都府京都市下京区烏丸通七条
山号：なし
開基：教如

准如に跡継《あとつ》ぎの座を奪われた教如

真宗大谷派の本山で、正式には「真宗本廟《しんしゅうほんびょう》」という。本願寺派の本願寺が「西本願寺」「お西さん」と呼ばれるのに対し、その東側に位置することから「東本願寺」「お東《ひがし》さん」と呼ばれている。

本願寺が東西に分裂したのは、前述したように顕如と教如の対立が原因だった。

信長の死後、本願寺は秀吉の庇護《ひご》によって京都で再建をはたした。石山合戦の戦後処理を巡る顕如の方針に反発した教如は、顕如によって義絶《ぎぜつ》されていたが、やがて義絶も解かれ、天正二〇年（一五九二）に顕如が五〇歳で没した後は、教如が法燈《ほうとう》を継ぐことになる。

しかし、教如はすぐに隠居を強いられてしまう。顕如が生前、三男の准如《じゅんにょ》を跡継ぎとして指名したという事実を、顕如の妻如春尼《じょしゅんに》から訴えられた秀吉が、一転して教如に引退を勧告し、准如を跡継ぎとして認めたのだ。当初秀吉は一〇年間に限り教如を宗主とする裁決を下したが、教如が拒否したため、教如は直ちに引退へと追い込まれてしまった。

徳川家康・豊臣秀吉と本願寺派

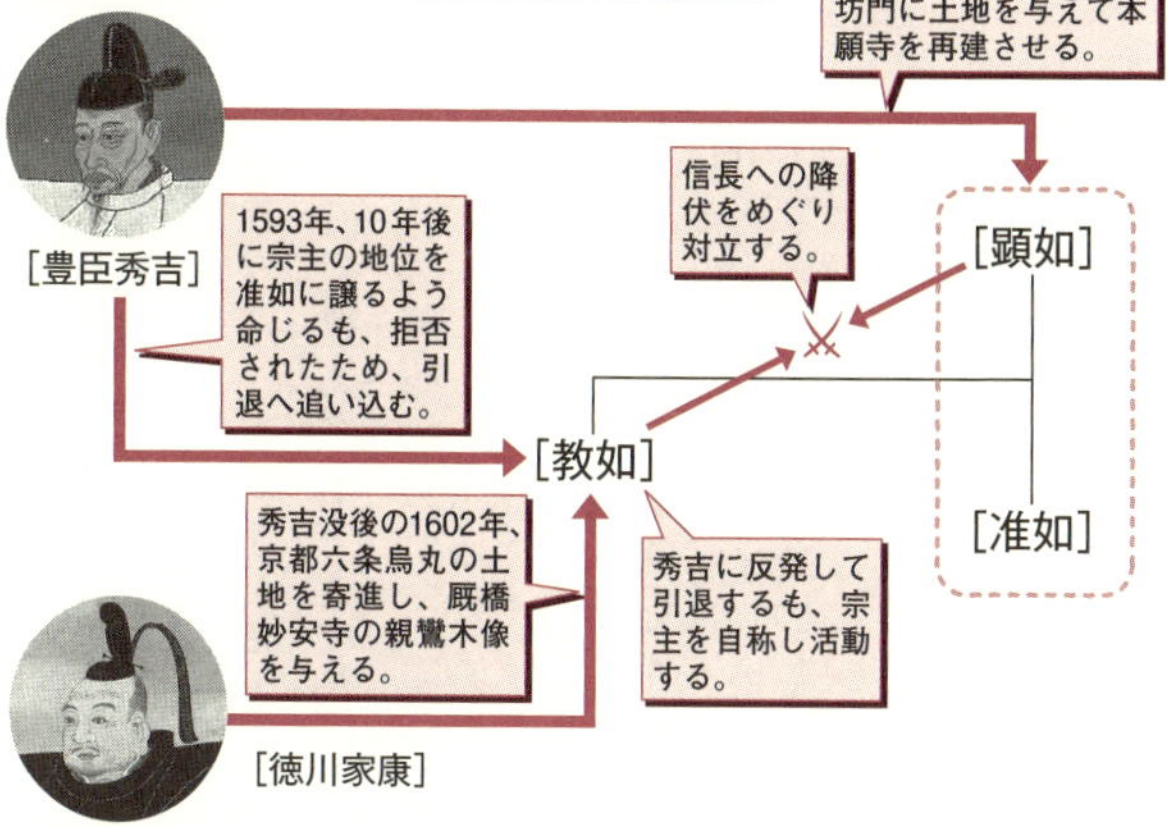
天満、次いで京都七条坊門に土地を与えて本願寺を再建させる。
信長への降伏をめぐり対立する。
1593年、10年後に宗主の地位を准如に譲るよう命じるも、拒否されたため、引退へ追い込む。
［豊臣秀吉］
［顕如］
［教如］
［准如］
秀吉没後の1602年、京都六条烏丸の土地を寄進し、厩橋妙安寺の親鸞木像を与える。
秀吉に反発して引退するも、宗主を自称し活動する。
［徳川家康］

西本願寺および東本願寺創建の背景には、当時のふたりの天下人の思惑が密接に絡んでいる。

こうして一年も経たずして宗主《そうしゅ》の座を奪われた教如だったが、その後も宗主として活動を続けた。そうした教如に転機が訪れたのが、慶長《けいちょう》三年（一五九八）の秀吉の死だった。これを機に教如は、当時最大の実力者となった徳川家康《とくがわいえやす》との交誼《こうぎ》を深めていったのである。

家康はわざと宗派を分裂させたのか

かくして慶長五年（一六〇〇）の関ヶ原《せきがはら》の戦いに勝利した徳川家康は、慶長七年（一六〇二）二月、教如に烏丸《からすま》六条《ろくじょう》の寺地四町四方を寄進。教如はそこに大師堂《たいしどう》をはじめとする大伽藍《だいがらん》を建立する。完成は慶長九年（一六〇四）年のことで、上野国《こうずけのくに》（群馬県）厩橋妙《まやばしみょう》安寺《あんじ》から親鸞木像（御真影《ごしんえい》）を迎え入れ、真宗の一寺としての体裁《ていさい》を整えた。

こうして、顕如が秀吉から賜《たまわ》って建立された本願寺のすぐ近くに、新たな本願寺が誕生した。この新しい寺が本願寺派本願寺の東側に位置していたことから、東本願寺と呼ばれるようになり、元の本願寺が西本願寺と呼ばれるようになった。

なぜ家康は、教如にすでに存在していた本願寺を継がせず、わざわざ別の寺地を寄進したのか？　この家康の行動が、東本願寺の分立を実現させたことは考えられる。

そしてこれは、本多正信《ほんだまさのぶ》の策略だったという説がある。正信が、「教如に別の寺地を与えて、本願寺を両家にしておいたほうが、天下を治めるには都合がいい」と進言したというのである。そこには本願寺派の門徒《もんと》が結集して一大勢力となり、戦国大名をたびたび窮地《きゅうち》に陥れた記憶があった。

その後、三代将軍徳川家光《いえみつ》は、東本願寺に対して東洞院通《ひがしとういんどおり》以東の六条と七条の間の地を加増しており、東本願寺の御影堂と阿弥陀堂《あみだどう》の両堂は、江戸時代を代表する堂となった。

しかし、江戸時代の終わりに東本願寺は四度にも及ぶ火災によって失われた。現在の両堂は、明治二八年（一八五五）に再建されたものである。御影堂は門徒が聞法《もんぼう》（仏法を聞く）するための建物であることから、門徒が参拝するスペースが広く確保されている。

東本願寺の境内

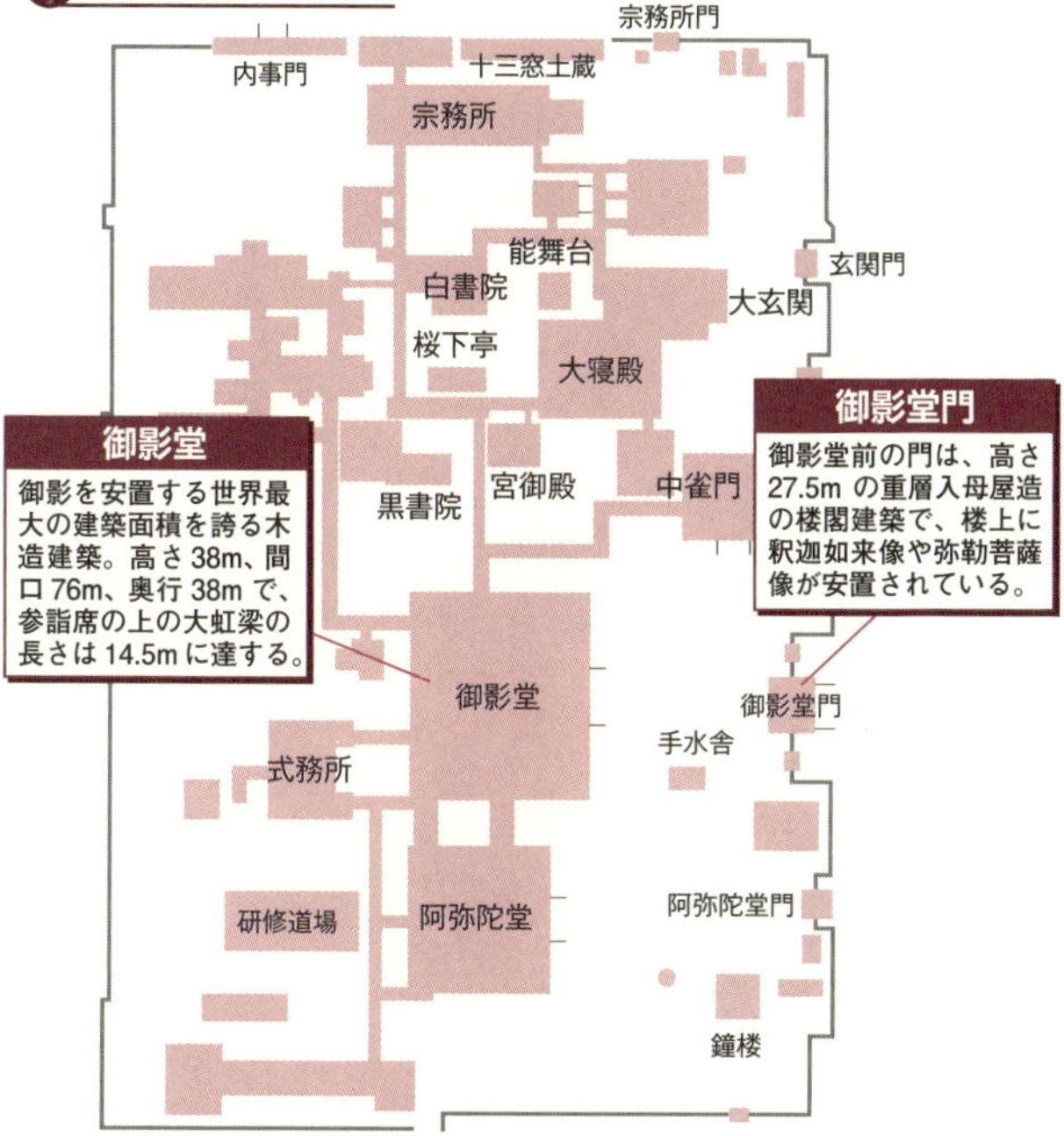
宗務所門
内事門
十三窓土蔵
宗務所
能舞台
玄関門
白書院
大玄関
桜下亭
大寝殿
御影堂
御影を安置する世界最大の建築面積を誇る木造建築。高さ 38m、間口 76m、奥行 38m で、参詣席の上の大虹梁の長さは 14.5m に達する。
御影堂門
御影堂前の門は、高さ 27.5m の重層入母屋造の楼閣建築で、楼上に釈迦如来像や弥勒菩薩像が安置されている。
黒書院
宮御殿
中雀門
御影堂
御影堂門
手水舎
式務所
研修道場
阿弥陀堂
阿弥陀堂門
鐘楼

東本願寺の御影堂

浄土真宗の本山は、僧侶が修行するための建物ではなく、「門徒」と呼ばれる信者が聞法（仏法を聞くこと）するための建物であることから、僧侶が出仕するスペースに比べ、門徒が参拝するスペースが格段に広い造りになっている。

専修寺

関東に浄土真宗を広めた真宗高田派の本山

基本情報
所在地：三重県津市一身田町
山号：高田山
開基：真慧

真宗の中心地として繁栄

真宗高田派《しんしゅうたかだは》は、三重県津市一身田の専修寺《せんじゅじ》を本山、栃木県芳賀郡二宮町高田の専修寺を別院（本寺）としている。

専修寺は、建保《けんぽう》二年（一二一四）、念仏を関東に広げるために配流先の越後から関東へ入り、約二〇年に渡って活動した親鸞が、嘉禄《かろく》二年（一二二六）年一月に、明星天子《みょうじょうてんし》の夢告によって現在の栃木県芳賀郡二宮町高田に一寺を建立し、高田専修寺としたことに始まる。

親鸞五四歳の時のことである。

親鸞は六〇歳で帰洛したが、その後は「親鸞二十四輩」と呼ばれる親鸞の関東時代の代表的な門弟二四人のひとり、真仏《しんぶつ》が二世として関東の門徒を指導し、勢力を拡大。高田を中心とする教団は関東各地の真宗門徒のなかで最も有力な存在となり、高田は関東における真宗の中心地として栄えた。

親鸞の足跡

北陸に流された親鸞は、その後東国において布教に注力する。その機会に親鸞の信者となった人々が、本願寺派の隆盛まで浄土真宗門徒の中核であった。

専修寺の本堂

関東のなかで最も有力だった高田門徒の拠点である専修寺は、もともと栃木県真岡市高田にあり、兵火によって被害を受けたため、一身田の現在地へと移された。

三世の顕智《けんち》は花園《はなぞの》天皇により大僧徒《だいそうと》に任じられている。高田を中心にした真宗はさらに発展し、専修寺は「本寺」と呼ばれ、全国から崇敬《すうけい》を集めるようになった。

その勢力をさらに拡大させたのが十世の真慧《しんけい》である。

真慧は東海・北陸方面に教化《きょうげ》を広め、朝廷からの崇敬を得て、専修寺は皇室の御祈祷《ごきとう》所《しょ》にもなっていっそう隆盛に向かう。そして、その真慧が寛正六年（一四六五）年に三重県一身田《いしんでん》に寺院を建立。その後関東の専修寺が火災に遭《あ》うなどしたことから、以降は歴代の上人が一身田の専修寺に居住するようになり、一身田の専修寺が本山、高田の専修寺が別院とされたのである。

親鸞の血脈が継承する本願寺派が台頭するまでは、この専修寺こそが浄土真宗の信仰の中心であった。そうした歴史を示すように、専修寺の境内には豪壮な木造建築が建ち並んでいる。とくに親鸞聖人像を安置する御影堂は、間口四三メートル、奥行き三四メートルの規模を誇り、現存する木造建築のなかで五番目の大きさを誇る。堂の中央、須弥壇《しゅみだん》の上には親鸞像とともに歴代上人の画像も安置され、親鸞の教えの正統を受け継ぐ派としての矜持《きょうじ》を見せ付けている。

浄土真宗の一年

親鸞に感謝する報恩講と宗祖降誕会

●宗祖親鸞の命日に行なわれる浄土真宗で最も重要な行事

浄土真宗では一年を通じて様々な行事が行なわれているが、そのなかでも重要なのが「報恩講《ほうおんこう》」である。

報恩講とは、親鸞聖人《しょうにん》の命日に、その恩徳《おんとく》を偲《しの》んで営まれる最大の法要で、聖人の教えを聞くことを目的としている。

日程は真宗大谷派と本願寺派で異なっており、大谷派は旧暦による親鸞聖人の命日一一月二八日を最終日として、二一日から七日間にわたって行なう。大谷派のほか、佛光寺派・興正寺派などもこれに倣う。

一方、本願寺派は、聖人の命日を新暦に改めて、一月九日から一六日まで執り行っており、高田派もこれに倣っている。

報恩講の起源は、聖人の没後に門徒たちが聖人を偲んで毎月二八日に開いていた念仏の集会である。

「講《こう》」とは、三世の覚如《かくにょ》が集会をそう称したことに由来している。親鸞の恩に報いる集会だから「報恩講」というわけである。

報恩講は僧侶や門徒が本山に集まる習わしなので、一般の浄土真宗の諸寺では、所属する派の本山より早めに報恩講を行なうのが一般的で、その後、それぞれの本山である東本願寺や西本願寺へ集まり行事を執り行なう。

大谷派・本願寺派ともに全国から集まった僧や門徒で賑《にぎ》わい、彼らによる念仏の唱和で堂は揺れんばかりの熱気に包まれる。集まる門徒の数は一〇万人を超えるといわれて、まさに真宗最大の行事であろう。

もうひとつ、重要な行事が「宗祖降誕会《しゅうそごうたんえ》」である。これは、その名からもわかるように親鸞の誕生を祝う行事として尊ばれている。

二一代宗主・明如《みょうじょ》によって始められた法要で、大谷派では四月一日から三日にかけて、本願寺派では新暦に基づいて五月二〇日と二一日の二日間にわたって開催され、全国各地の浄土真宗の寺院で特別法要が営まれている。

なかでも盛大なのが西本願寺の降誕会で、重要文化財の南能舞台《みなみのうぶたい》で演能《えんのう》が披露《ひろう》され、毎年六〇〇〇人を超える観客が全国から集まり人気行事となっている。

浄土真宗のおもな年中行事

日付	行事
1月1日	元旦会
1月8日	大御身
1月9日～16日	報恩講（本願寺派・高田派）
2月7日	如月忌
2月15日	涅槃会
4月1日～3日	宗祖降誕会（大谷派）
4月8日	花まつり
4月13日～15日	立教開宗記念法要（春の法要）
4月17、18日	大谷本廟総追悼法要
5月20、21日	宗祖降誕会（本願寺派）
8月14日、15日	盂蘭盆会
10月15日、16日	龍谷会
11月21日～28日	報恩講（佛光寺派・三門徒派・大谷派・興正寺派・木辺派・誠照寺派）
12月9日～16日	報恩講（山元派）
12月20日	お煤払い
12月21日～28日	報恩講（出雲路派）
12月31日	除夜会

参拝の方法

阿弥陀堂と御影堂の前で称えられる報恩感謝の念仏

浄土真宗の「南無阿弥陀仏」の意味

「南無阿弥陀仏」と一身に胸に思い、ただ自分の口でその名を称《とな》えれば、ほかに何も心配することはない。多忙な生活の人、仏壇で熱心に祈り続ける時間も、ゆっくりお寺参りをする時間もなく仕事に打ち込む人……。そうした庶民や大衆といった衆生《しゅじょう》を阿弥陀如来が一人残らず救ってくださると説くのが、浄土真宗の教えの核心である。

清らかなその心身をもって、浄土真宗系の諸寺院では、お念珠《ねんじゅ》（数珠《じゅず》）を、参拝の際には左手に持ち、寺の本堂「阿弥陀堂」に上がる。そこには本尊である、阿弥陀如来像、掛け軸、極楽浄土《ごくらくじょうど》の絵画の阿弥陀如来像などがあり、そこから参拝者が本尊に向かって数珠を両手にかけて礼拝する。

このとき二連の数珠の場合は、大谷派はふたつの親玉を親指の付け根で挟《はさ》んで持ち、本願寺派は両手にかけて房を小指の下に垂らして持つ。一般参拝の場合は、数珠は一重の小ぶりのもので差し支えない。

浄土真宗の数珠の持ち方

［本願寺派］

数珠を二重に巻き、合掌した両手に輪をかけ、房を小指の下に垂らす。

［真宗大谷派］

数珠を二重に巻き、房を上にして合掌した両手にかけ、左手の側に房を垂らす。

お称えは浄土宗と同じく「南無阿弥陀仏」である。ただし、浄土真宗では念仏を一度称えただけですでに阿弥陀如来の救いに与《あず》かっていると信仰されており、次からの念仏はその阿弥陀如来が救ってくださっていることへの感謝の祈りであるという。

次に御影堂と呼ばれる、浄土真宗の開祖親鸞聖人の姿を写した木造・絵像の掛かる『御影』を安置する堂を参拝する。

宗旨の本尊のある「阿弥陀堂」より、「御影堂」の方が伝統的に大きく造られている。そこに多くの門徒が集まり、念仏の行事や法要が行なわれる。これは宗祖の親鸞の教えであり、「門徒と共に」という「同朋《どうほう》」の精神が生かされたものである。

浄土真宗の文化財

重んじられる親鸞の御真影と著作

浄土真宗の伽藍は、阿弥陀堂と御影堂が並ぶ形式をとる。このうち御影堂に安置される親鸞聖人の御真影《ごしんえい》が浄土真宗の貴重な文化財である。

とくに西本願寺所蔵の「鏡《かがみの》御影《ごえい》」と呼ばれる親鸞像は国宝に指定され、親鸞の容貌を克明に伝える一品となっている。

さらに親鸞の著作も重要視される。東本願寺には国宝に指定される親鸞真筆の『教行《きょうぎょう》信証《しんしょう》』が、西本願寺には親鸞没後間もない文永《ぶんえい》一二年（一一七五）年に書写されたと推定される『教行信証』がある。

国宝指定される親鸞の著作と御真影

	国宝名	所蔵先
真筆	『観無量寿経註』親鸞筆	西本願寺
	『阿弥陀経註』親鸞筆	西本願寺
	『教行信証』親鸞筆	東本願寺
	『唯信鈔』聖覚作／親鸞筆	専修寺
	『唯信鈔文意』親鸞筆	専修寺
	『唯信抄文意』親鸞筆	専修寺
	親鸞聖人消息 10巻	専修寺
御真影	紙本墨画親鸞聖人像（鏡御影）	西本願寺
	絹本著色親鸞聖人像（安城御影）	西本願寺
	絹本著色親鸞聖人像（安城御影副本）	西本願寺
	絹本著色親鸞聖人像（安城御影）	東本願寺

第五章

曹洞宗の大本山

曹洞宗の教え

ひたすら坐ることで悟りに近づくと説く

【宗祖】道元《どうげん》（一二〇〇年〜一二五三年）

道元は内大臣《ないだいじん》・久我通親《くがみちちか》の子として生まれた。母は藤原基房《ふじわらのもとふさ》の女《むすめ》。三歳で父を、八歳で母を亡くし、一三歳の時に比叡山《ひえいざん》の良顕《りょうけん》のもとを訪ね、出家《しゅっけ》して翌年、天台坐主《てんだいざす》・公円《こうえん》のもとで得度《とくど》する。建保《けんぽう》五年（一二一七）より、栄西《ようさい》の高弟である建仁寺《けんにんじ》の明全《みょうぜん》を師として禅宗《ぜんしゅう》に転じ、貞応《じょうおう》二年（一二二三）に入宋《にっそう》。四年間の修行のなかで明州天童山《めいしゅうてんどうざん》の如浄《にょじょう》に学んで帰国した。天福《てんぷく》元年（一二三三）に興聖寺《こうしょうじ》を創建するも、迫害を受けたため、越前《えちぜん》の地頭《じとう》・波多野義重《はたのよししげ》の招きを受けて移住して大佛寺《だいぶつじ》を建立し、のち永平寺《えいへいじ》と改める。その後は後進の指導に当たりながら寺の整備を進めた。

【教え】只管打坐《しかんたざ》

「ひたすら坐禅《ざぜん》をする」という意味。ひたすら坐禅をすれば心身脱落《しんしんだつらく》し、一切が仏となり悟《さと》りとなると説く。

【本尊】釈迦如来《しゃかにょらい》／【大本山】永平寺《えいへいじ》、總持寺《そうじじ》／【根本経典】『修証義《しゅしょうぎ》』『般若心経《はんにゃしんぎょう》』

曹洞宗の系譜

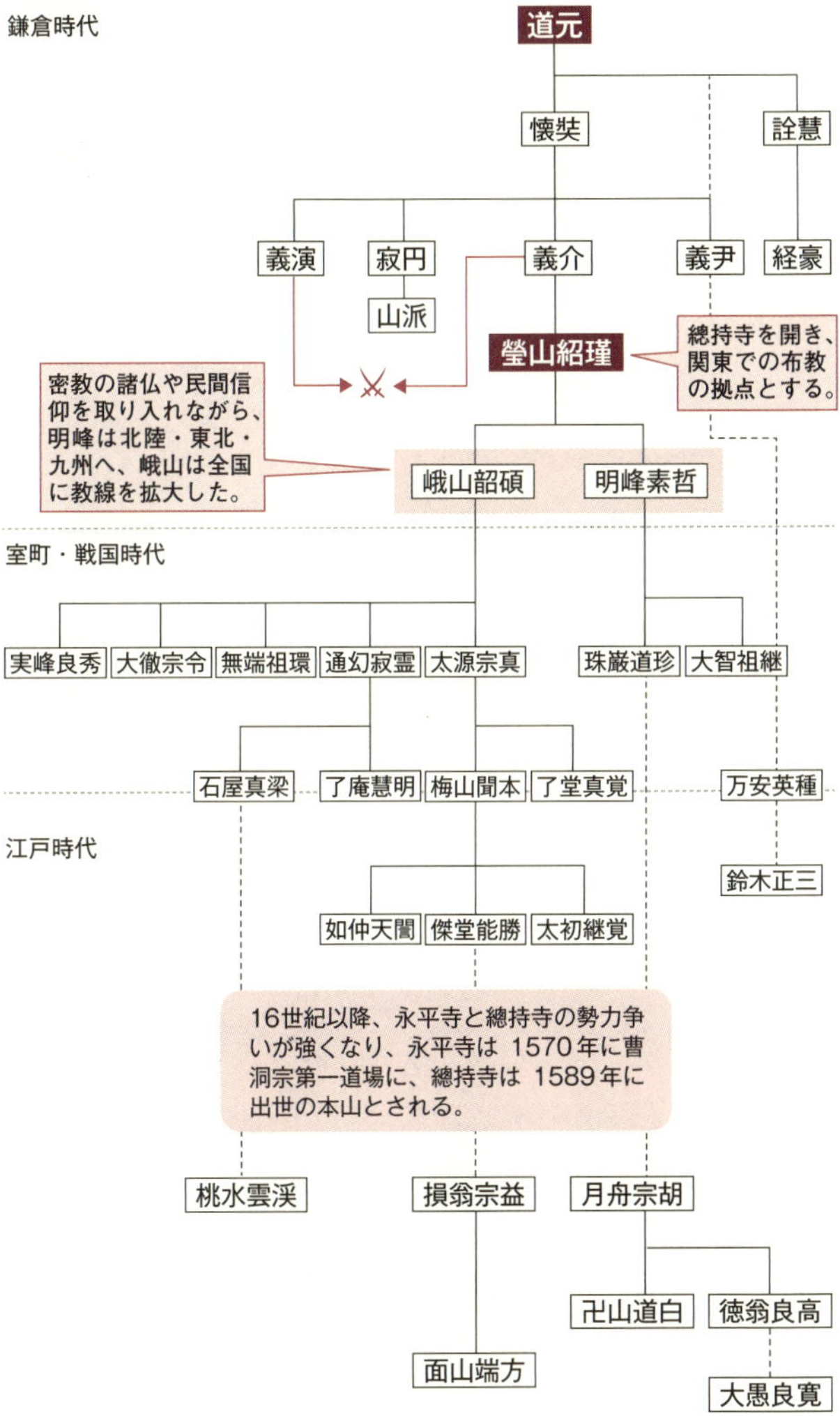
鎌倉時代
道元
懐奘
詮慧
義演
寂円
義介
義尹
経豪
山派
瑩山紹瑾
總持寺を開き、関東での布教の拠点とする。
密教の諸仏や民間信仰を取り入れながら、明峰は北陸・東北・九州へ、峨山は全国に教線を拡大した。
峨山韶碩
明峰素哲
室町・戦国時代
実峰良秀
大徹宗令
無端祖環
通幻寂霊
太源宗真
珠巌道珍
大智祖継
石屋真梁
了庵慧明
梅山聞本
了堂真覚
万安英種
江戸時代
鈴木正三
如仲天誾
傑堂能勝
太初継覚
16世紀以降、永平寺と總持寺の勢力争いが強くなり、永平寺は 1570年に曹洞宗第一道場に、總持寺は 1589年に出世の本山とされる。
桃水雲渓
損翁宗益
月舟宗胡
卍山道白
徳翁良高
面山端方
大愚良寛

永平寺

生活すべてが修行の場と考えた道元による道場

基本情報

所在地：福井県吉田郡永平寺町志
山　号：吉祥山
開　山：道元
開　基：波多野義重

深山幽谷に築かれた大本山

道元が越前国（福井県）に開いた曹洞宗《そうとうしゅう》の大本山・永平寺は、寛元《かんげん》二年（一二四四）に、越前の地頭で、道元に深く帰依《きえ》していた波多野義重が、道元を京都の興聖寺から招いて開創した寺である。道元の北越下向の直接のきっかけとなったのは、当時、禅《ぜん》の教えを広めていた道元に対し、延暦寺《えんりゃくじ》からの迫害が厳しくなっていたためである。加えて、かつて道元が宋における仏法《ぶっぽう》の師・如浄《にょじょう》から与えられた、「深山幽谷《しんざんゆうこく》に住んで国王大臣に近づかないように」との言葉の影響からだった。

当初は傘松峰大佛寺《さんしょうほうだいぶつじ》と称していたが、道元が永平寺と改称。「永平」とは「永久の和平」という意味を持つと同時に、仏法が中国に伝来したといわれる「永平一〇年」の年号に因《ちな》んだもので、道元は、この永平寺こそが日本で初めて正伝の仏法が修行される初伝開創の寺であるという信念をもって名付けたとされている。

その後、永平寺は、応安《おうあん》五年（一三七二）に後円融《ごえんゆう》天皇から「日本曹洞第一道場」の

永平寺の山門

現在の山門は、寛延２年（1749）の再建。下層の両脇に四天王が、上層に五百羅漢が配されている。

勅願《ちょくがん》を賜《たまわ》り、さらには、天文《てんぶん》八年（一五三九）に、「日本曹洞第一出世道場」の追認、天正《てんしょう》一九年（一五九一）には「日本曹洞の本寺並《なら》びに出世道場」の綸旨《りんじ》を受けるなど、曹洞宗本山としての確固たる地位を築くに至った。

●禅的宇宙空間を反映させた修行道場

永平寺は、大佛山《だいぶつざん》の麓《ふもと》の一角、約一〇万坪の広大な敷地に、山門《さんもん》、仏殿《ぶつでん》、法堂《はっとう》、庫院《くいん》（台所）、僧堂《そうどう》、東司《とうす》（便所）、浴室の七堂伽藍《しちどうがらん》を中心として七〇以上の建物が並び、その主要な建物が回廊《かいろう》で連結されている。他の寺院と違うのは、台所や浴室、トイレなど、日常生活の場までが七堂伽藍に加えられている点だ。これは、七つがすべて日常の修行に欠かせない重要な建物であるとされるからで、生活そのものが修行であるという道元の思想が反映されている。

たとえば、台所の作法を示した『示庫院文《じくいんぶん》』、食事の作法を説く『赴粥飯法《ふしゅくはんぽう》』など、すべてにおいて事細かく定められているのも、その最たる例である。

さらに七堂は、仏像の五体になぞらえて配置されており、法堂が頭部、本尊《ほんぞん》が安置されている最も重要な仏殿が心臓、右手が僧堂、左手が庫院、腰が山門、右足が東司、左足が浴室と位置付けられている。その姿は、行住坐臥《ぎょうじゅうざが》のすべてが厳格で綿密な修行であることを悟らせるための禅的な宇宙観に満ちているといえよう。

曹洞宗ではひたすら坐禅を行なう只管打坐《しかんたざ》によって悟りの境地に至ることを重視するが、さらに道元は「一生不離叢林《いっしょうふりそうりん》」を強調している。「叢林」とは禅の修行道場のことで、すなわち道元は一生修行を永続し、世俗を離れて仏道を歩み続けることが大切だと説いたのである。その教えは、今も永平寺において守られ続けている。

山門を潜《くぐ》れば、そこは生活のすべてが修行の場。永平寺の山門は、俗世間と仏道に帰依する修行の聖地を分ける関門であり、山門の先では、多くの雲水《うんすい》（禅宗における修行僧）が修行と綿密に結びついた日々を送っている。

永平寺の七堂伽藍

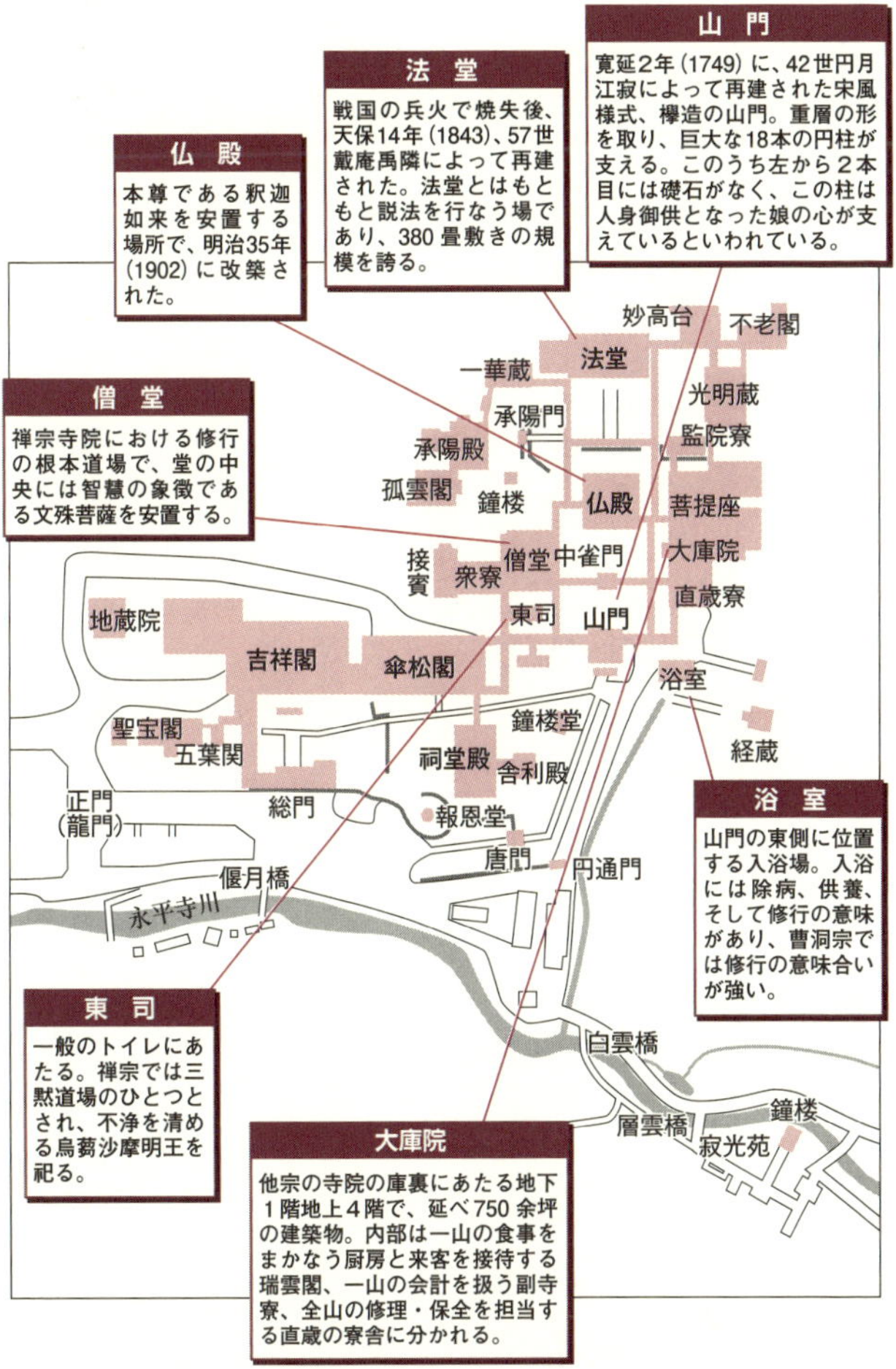
山門
寛延2年（1749）に、42世円月江寂によって再建された宋風様式、欅造の山門。重層の形を取り、巨大な18本の円柱が支える。このうち左から２本目には礎石がなく、この柱は人身御供となった娘の心が支えているといわれている。
法堂
戦国の兵火で焼失後、天保14年（1843）、57世載庵禹隣によって再建された。法堂とはもともと説法を行なう場であり、380畳敷きの規模を誇る。
仏殿
本尊である釈迦如来を安置する場所で、明治35年（1902）に改築された。
僧堂
禅宗寺院における修行の根本道場で、堂の中央には智慧の象徴である文殊菩薩を安置する。
浴室
山門の東側に位置する入浴場。入浴には除病、供養、そして修行の意味があり、曹洞宗では修行の意味合いが強い。
東司
一般のトイレにあたる。禅宗では三黙道場のひとつとされ、不浄を清める烏蒭沙摩明王を祀る。
大庫院
他宗の寺院の庫裏にあたる地下１階地上４階で、延べ750余坪の建築物。内部は一山の食事をまかなう厨房と来客を接待する瑞雲閣、一山の会計を扱う副寺寮、全山の修理・保全を担当する直歳の寮舎に分かれる。
妙高台
不老閣
法堂
一華蔵
光明蔵
承陽門
監院寮
承陽殿
孤雲閣
鐘楼
仏殿
菩提座
接賓
衆寮
僧堂
中雀門
大庫院
直歳寮
地蔵院
東司
山門
吉祥閣
傘松閣
浴室
聖宝閣
五葉関
鐘楼堂
祠堂殿
舎利殿
経蔵
正門（龍門）
総門
報恩堂
唐門
円通門
偃月橋
永平寺川
白雲橋
鐘楼
層雲橋
寂光苑

永平寺は、曹洞宗の僧たちが禅の真髄を学ぶ修行の道場である。生活のすべてを修行と捉えた道元が構想した七堂伽藍が建ち並ぶ。

總持寺

「仏法が満ち満ちて保たれている總府」の寺

基本情報

所在地：神奈川県横浜市鶴見区鶴見
山　号：諸嶽山
開　基：行基

曹洞宗のもうひとつの大本山

總持寺《そうじじ》は曹洞宗のもうひとつの大本山である。

横浜市鶴見区《つるみ》に一五万坪という広大な敷地を有しており、鉄筋コンクリート造りの三〇余の堂宇《どうう》や研修施設などが建ち並んでいる。

總持寺の始まりは、能登半島の櫛比庄《くしひのしょう》（現在の石川県鳳至郡《ふげし》）にあった諸嶽観音堂《しょがくかんのんどう》だった。その名の通り霊験《れいげん》あらたかな観音様を祀《まつ》った御堂で、そこの住職《じゅうしょく》だった定賢《じょうけん》のもとに、元亨《げんきょう》元年（一三二一）四月一八日に、観音様が現われて、「酒井《さかい》の永光寺《えいこうじ》に瑩山《けいざん》（瑩山紹瑾《じょうきん》）という徳の高い僧がおる。すぐ呼んでこの寺を譲《ゆず》れ」と告げられたのである。

かくして瑩山が入った諸嶽観音堂は、本来、真言律宗《しんごんりっしゅう》の教院だったが、曹洞宗の寺院となった。瑩山は寺号を「總持寺」と改名。「總持」とは「仏法が満ち満ちて保たれている總府《そうぶ》」という意味が込められている。山号は諸嶽観音堂の仏縁に因《ちな》んで「諸嶽山」とした。

翌年には、後醍醐《ごだいご》天皇から下された「十種の勅問《ちょくもん》」に対する瑩山の奉答《ほうとう》が高く評価され、

總持寺祖院の山門

高さ 22 メートルの総門。楼上は観音菩薩などが安置される仏殿となっている。

「曹洞宗出世の道場」に補任。以後、能登《のと》で五七〇年余もあったが、明治三一年（一八九八）四月一三日夜に出火し、伽藍《がらん》の多くを焼失した。

これを受け、明治四四年（一九一一）に横浜市鶴見へ移転したのである。

瑩山はなぜ總持寺を開き、曹洞宗の大本山が二つになったのか。その理由は、当時の永平寺の僧が、道元の只管打坐《しかんたざ》に基づく厳格な禅風を守ろうとする保守派と、柔軟に教えを広めようとする進歩派に分かれたことにある。

進歩派だった瑩山は、曹洞宗の大衆化に努め、天台密教《てんだいみっきょう》や真言密教、白山《はくさん》信仰や山王《さんのう》権現《ごんげん》信仰、熊野《くまの》信仰など、様々な教えを取り込み、新たな曹洞宗を築きあげたのである。

修行としきたり

「只管打坐」によって導かれた黙照禅

目的も悟りも求めない「只管打坐」の教え

永平寺で行なわれる修行は、道元が説いた「只管打坐」の考えに基づいて行なわれている。「只管打坐」とは、ひたすら坐《すわ》ること。つまり、道元の教えは、坐禅の宗教なのだ。「只管」とは「それのみ」という意味であり、「打坐」は「坐る」こと。その言葉どおり、道元の坐禅とは「ただ坐るのみ」。坐禅に意義や条件を求めず、何かを得ようと思ったり、悟りに達する目的をもって行なうものではない。悟りはあくまで修行の結果であり、何ひとつ求めないのが曹洞宗の坐禅なのである。

こうした曹洞宗の坐禅を「黙照禅《もくしょうぜん》」と呼ぶ。

坐禅を行なう場所も禅堂で行なう臨済宗《りんざいしゅう》とは異なり、曹洞宗の場合は原則として僧堂で行なう。僧堂は睡眠や食事など生活全般を営む場所である。また、臨済宗は壁を背にして坐るが、曹洞宗の場合は壁に向かって坐る。

永平寺の僧の一日は、僧堂での朝の坐禅から始まり、夕食後に夜の坐禅をして眠りに入

永平寺上山の流れ

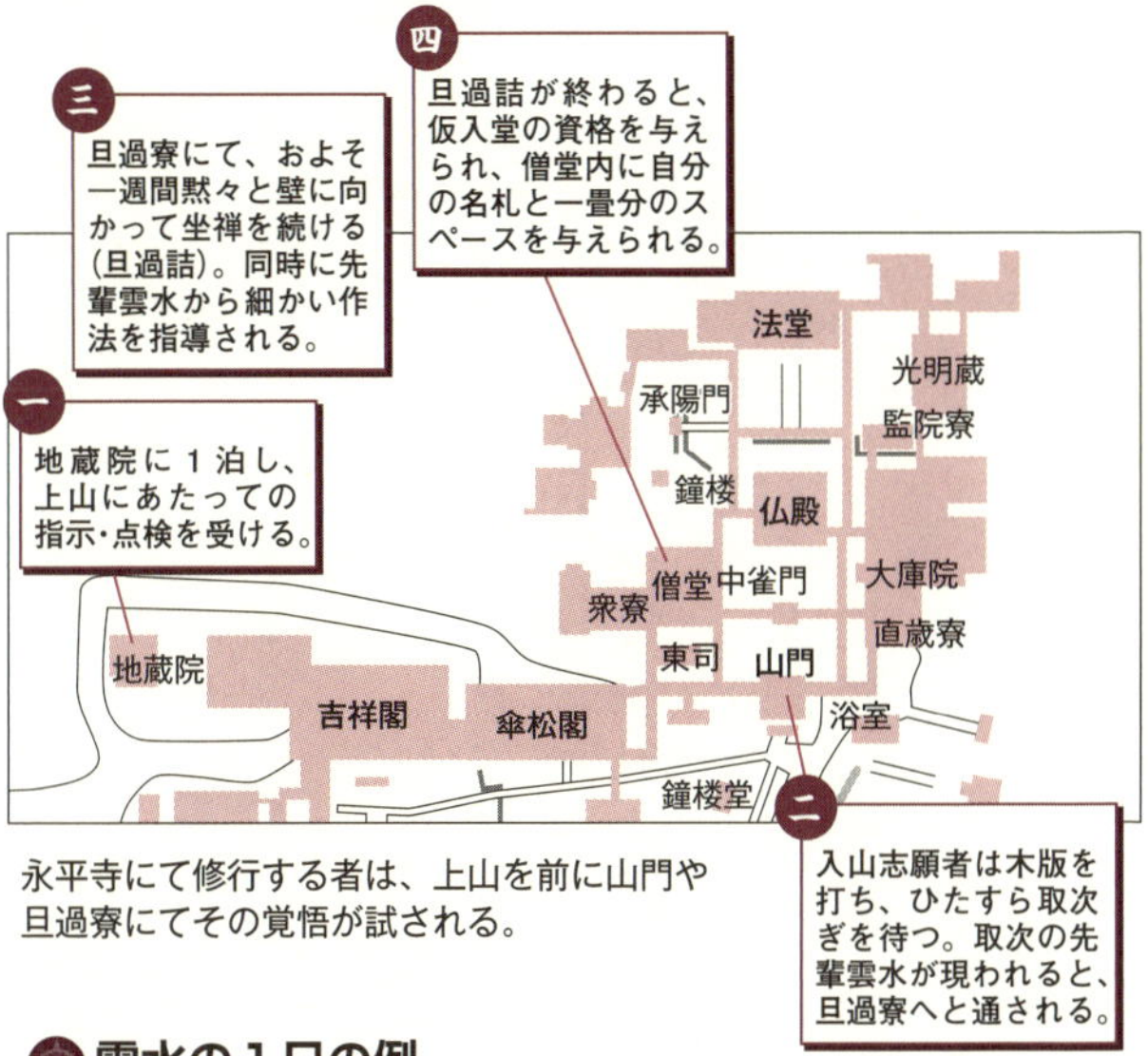
一
地蔵院に１泊し、上山にあたっての指示・点検を受ける。
二
入山志願者は木版を打ち、ひたすら取次ぎを待つ。取次の先輩雲水が現われると、旦過寮へと通される。
三
旦過寮にて、およそ一週間黙々と壁に向かって坐禅を続ける（旦過詰）。同時に先輩雲水から細かい作法を指導される。
四
旦過詰が終わると、仮入堂の資格を与えられ、僧堂内に自分の名札と一畳分のスペースを与えられる。
法堂
光明蔵
承陽門
監院寮
鐘楼
仏殿
僧堂
中雀門
大庫院
衆寮
直蔵寮
東司
山門
地蔵院
吉祥閣
傘松閣
浴室
鐘楼堂

永平寺にて修行する者は、上山を前に山門や旦過寮にてその覚悟が試される。

雲水の１日の例

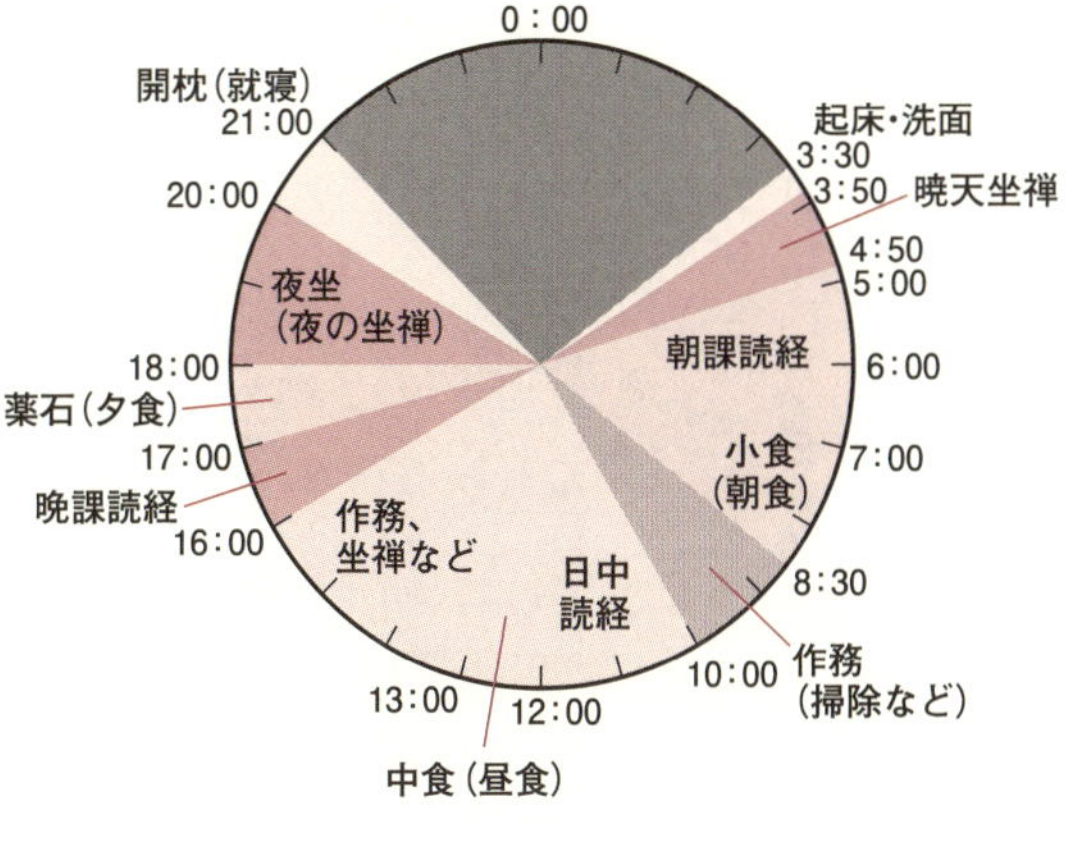
0：00
起床・洗面
3：30
3：50
暁天坐禅
4：50
5：00
朝課読経
6：00
小食（朝食）
7：00
8：30
作務（掃除など）
10：00
日中読経
12：00
中食（昼食）
13：00
作務、坐禅など
16：00
晩課読経
17：00
薬石（夕食）
18：00
夜坐（夜の坐禅）
20：00
21：00
開枕（就寝）

る。まさに坐禅に始まり坐禅に終わるのである。

こうした只管打坐の修行は、「静中《せいちゅう》の工夫《くふう》（修行）」と呼ばれる。

その一方で「動中《どうちゅう》の工夫《くふう》」という言葉がある。それは「作務《さむ》」のこと。「作務」は寺院の掃除や草刈り、畑仕事など日常的な雑務のことで、曹洞宗では作務も重要な修行の一環と捉《とら》えられている。

そのため、永平寺の僧たちは、坐禅に打ち込む一方で、作務にも精を出す。朝昼の食事が終わった後の時間がそれぞれ作務の時間に当てられ、彼らは毎日掃除や畑仕事などの労働を行なっている。掃除は、汚れていてもいなくても、毎日必ず行なう。廻廊《かいろう》掃除は六時三〇分より全山一斉に行なわれ、素手・素足で雲水たちが廊下を駆け巡る。

作務は、「綺麗《きれい》にする」ために行なっているのではなく、ただひたすら行なうことが修行なのだ。この姿勢は、ただ坐ることに意味があるとした只管打坐の姿勢と同じである。

こうした日々の行ないは、曹洞宗においてこと細かに規則が定められている。道元の『永平清規《えいへいしんぎ》』では、坐禅の作法を示す「弁道法《べんどうほう》」のほか、炊事の仕方・心得を示す『典座《てんぞ》教訓《きょうくん》』、食事の意義と作法を定めた『赴粥飯法《ふしゅくはんぽう》』などもある。日常の行ないのなかにある意味が浮き彫りとなるのも、禅の修行の成果といえる。

曹洞宗の一年

両祖の威徳を称える「両祖忌」

●道元の著書『正法眼蔵』を学ぶ勉強会

曹洞宗では、開祖道元と、曹洞宗発展の礎《いしずえ》を築いた瑩山紹瑾を両祖として崇《あが》めている。一月二六日には高祖《こうそ》・道元禅師の誕生を祝うとともに、ますますの精進《しょうじん》を誓う（高祖降誕会）。また、一一月二一日には、太祖《たいそ》降誕会として瑩山禅師の誕生が祝われる。

さらに九月二九日には、両祖の威徳《いとく》を称《たた》えて感謝する法会《ほうえ》「両祖忌《りょうそき》」が催される。

永平寺では、「二祖三仏忌《にそさんぶつき》」が重視される。

曹洞宗における二祖とは達磨《だるま》と百丈《ひゃくじょう》を指し、それぞれ一〇月五日と一一月一七日に達磨忌と百丈忌の法要がある。三仏忌は灌仏会《かんぶつえ》、成道会《じょうどうえ》、涅槃会《ねはんえ》を指す。このうち、曹洞宗では一二月八日の成道会を重視する。

また二月一五日の「涅槃会」では、永平寺の山内で永平寺町観光協会によって参拝者に「般若汁《はんにゃじる》」や「涅槃だんご」が振る舞われ、四月八日の「仏降誕会《ぶつごうたんえ》（灌仏会）」では、門前で花祭りなどが催され厳《おごそ》かでありながら華やかなイベントとなっている。

学問にまつわる行事も見逃せない。

大きな行事としては、六月の「眼蔵会《げんぞうえ》」がある。これは、道元の著作『正法眼蔵《しょうぼうげんぞう》』を学ぶ講座のことである。

全九五巻という膨大《ぼうだい》な文章のなかには、道元が留学先の中国で会得《えとく》した正伝の仏法の真理のすべてが書き記されているといわれ、曹洞宗の根本宗典とされている。眼蔵会は約一週間にわたって行なわれ、会期中、永平寺に特別な講師を招いて、午前と午後の二回にわたって講義が行なわれる。この眼蔵会は修行僧はもちろんのこと、希望する一般の檀信徒《だんしんと》も受講することができる。

雲水たちが参加する一年のなかで最も熱気溢《あふ》れる行事に法戦式《ほっせんしき》がある。法戦式とは、修行僧のリーダー（首座《しゅそ》）をつとめる僧が、住職に代わって説法を許され、修行僧たちと激しい問答を繰り広げる儀式だ。

そもそもは、釈尊《しゃくそん》が霊鷲山《りょうじゅせん》において弟子の迦葉尊者《かしょうそんじゃ》に自分の席を半分譲って説法を許されたという故事《こじ》に由来する行事で、現代においては首座と修行僧たちとで激しい問答が繰り広げられる。

永平寺の一年のなかで最も華やかで迫力のある行事である。

永平寺のおもな年中行事

日付	行事	内容
1月1日 ～3日	三元	国家・仏法・僧宝を祝寿する行事で、転読大般若会、難仏講式などの法要が行なわれる。
1月26日	高祖降誕会	開祖道元の生誕を祝う法要。
2月1日 ～7日	報恩涅槃摂心	釈迦入滅の日に先立ち、昼夜にわたり坐禅を行なう。
2月15日	涅槃会	釈迦入滅の日にその威徳を偲ぶ法要を行なう。
2月18日	春安居上山	春に修行に入る志願者が上山してくる初日。
3月18日 ～24日	春彼岸会	本山永代祠堂施食会や玄源左エ門家回向が行なわれる。
3月20日	白山神社回向	修行僧が永平寺の守護神である白山神社に詣でる。
4月8日	仏降誕会	釈迦の誕生を祝う。
4月23日～29日	報恩授戒会	永平寺貫首より戒を受ける儀式。
5月17日	首座法戦式	修行僧の代表である首座がほかの修行僧を法問し、法戦する。
6月10日 ～30日	眼蔵会	道元の著作『正法眼蔵』を講師が提唱する。
7月1日～15日	盂蘭盆施食会	お盆の先祖供養が行なわれる。
8月15日	月遅れのお盆	地蔵院などで回向が行なわれる。
8月23日～29日	御征忌	道元の開山忌。
10月20日頃	秋安居上山	秋に修行に入る志願者が上山してくる初日。
11月	祖蹟拝登	道元の祖蹟を巡り威徳を忍ぶ。
12月1日 ～8日	臘八大摂心	釈迦が悟りを開いた成道会を記念して昼夜一途に坐禅する。
12月8日	成道会	釈迦の成道を祝う。
12月31日	除夜の鐘	梵網経を諷経して、諸仏諸祖に感謝。鐘楼堂では鐘撞きが行なわれる。

参拝の方法

日常生活と密着した禅宗寺院参拝

●重視される日常空間

日常生活と、仏教者・禅僧として仏陀《ぶっだ》の課された日々の厳しく正しい仏道修行。禅宗・禅僧としてここをどう両立させるか、留学先の宋から帰国した開祖・道元は、この問題を深く考え、真の仏教のあり方が現実生活のなかでどう調和しているべきかを問い続けた。

結果として道元から四代あとの瑩山紹瑾が深山《しんざん》の永平寺を離れ、仏教がもっと民衆に広く開かれたものであるべきとして、能登に總持寺を開くことになる。やがて總持寺は、明治時代になって、さらに人口の多い神奈川横浜の鶴見への移転がなされた。

参拝客は、大伽藍の玄関である「香積台《こうしゃくだい》」に入ると、真上に天井まで届く巨大なしゃもじと、すりこぎを目にする。その奥には、日本一大きい大黒様《だいこくさま》の像が置かれている。これこそ、台所や食事・食物・ふだんの生活こそ大切とした曹洞禅の教えの真髄であろう。

曹洞宗の寺院を参拝する際は、長い一連の数珠《じゅず》を二連になるような形で輪にして左手にかけ、右手を添える合掌《がっしょう》スタイルをとる。坐禅修行を重視し、「南無釈迦牟尼仏《なむしゃかむにぶつ》」と唱《とな》える。

曹洞宗の数珠の持ち方

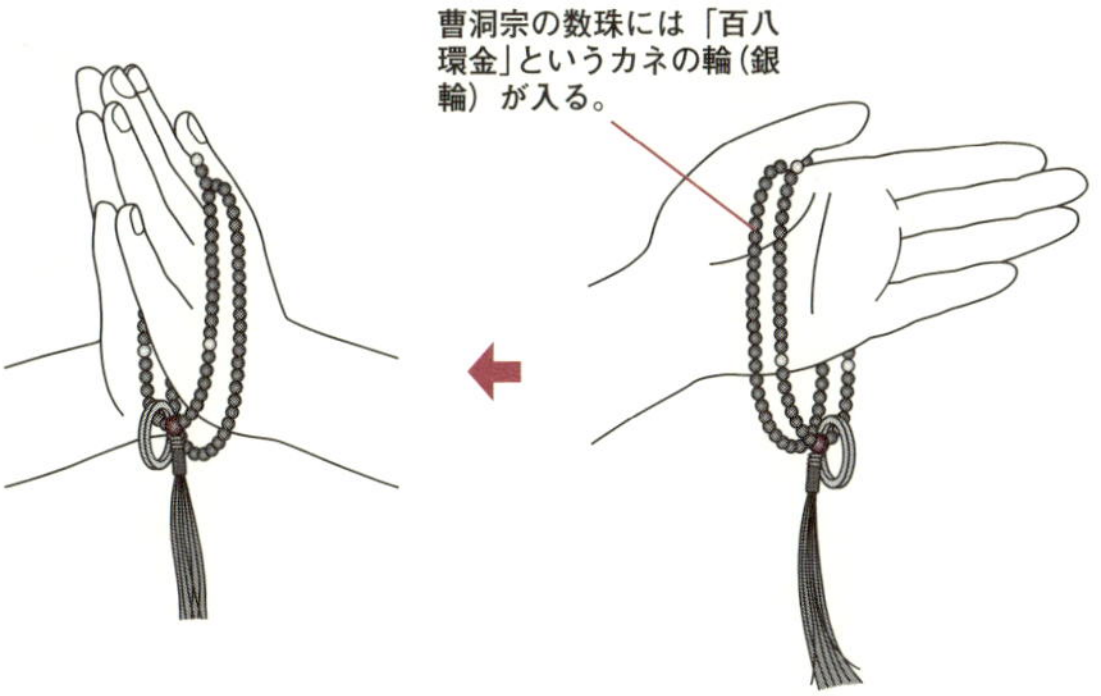
曹洞宗の数珠には「百八環金」というカネの輪（銀輪）が入る。

［手の合わせ方］
数珠をかけた左手に右手を添えるようにして合わせる。

［持ち方］
輪を二重に束ねて左手にかける。

釈迦牟尼仏とは釈尊《しゃくそん》を指し、お唱えは「釈迦牟尼仏に帰依します」という意味である。

これは釈尊が坐禅によって悟りを開いたことに由来する。菩提樹《ぼだいじゅ》の下で瞑想《めいそう》に入った釈尊は、悪魔の誘惑に打ち勝ち、悟りを開いた。広く仏教ではこれを「降魔成道《ごうまじょうどう》」といい、「成道会」があらゆる宗派の寺院で開かれるのは、この記念すべき出来事を祝うためである。さらに釈尊は、この後七日目まで坐ったまま悟りの楽しみを味わうと、八日目に尼拘盧陀樹《ニグローダじゅ》の下に行き七日間、さらに羅闍耶多那樹《ラージャヤタナじゅ》の下へ行って七日間、それぞれ坐ったまま解脱《げだつ》の楽しみを味わったという。

つまり、釈尊は坐禅によって悟りを得たというわけで、坐禅もこの成道に由来する。

永平寺の文化財

仏道生活から生まれ発展した精進料理

永平寺にも貴重な文化財は多いが、曹洞宗の「文化」として注目したいのが精進料理《しょうじんりょうり》である。

仏教では生き物の殺生《せっしょう》を禁じているため、魚や肉を食さず、野菜や大豆、ゴマなどを材料にして料理が食される。そうした規則のなかで誕生したのが、精進料理であった。

曹洞宗では食事も重要な修行のひとつであり、道元は著作の『典座教訓』で料理方法や心構えも事細かく記している。

そこには食材そのものの味を生かし、料理を作る喜び、もてなす喜びを忘れず、親切な心、大きな心を持って調理にあたるべきことが書かれている。

永平寺の国宝

国宝名	制作年代
高祖嗣書 1幅 紙本墨書	南宋時代
明全戒牒 1巻 金銀絵料紙墨書	鎌倉時代
『正法眼蔵』仏性第三 1冊 紙本墨書 孤雲懐奘筆	鎌倉時代
後円融院宸翰 1幅	南北朝時代
梵鐘	鎌倉時代

第六章

臨済宗の大本山

臨済宗の教え

「坐禅」と「公案」によって悟りを開くと説く

【宗祖】栄西《ようさい》（一一四一年～一二一五年）
比叡山《ひえいざん》で密教《みっきょう》を学んだ後、二度目の入宋《にっそう》で臨済宗黄龍派《りんざいしゅうこうりゅうは》の虚庵懐敞《こあんえじょう》に師事《しじ》して禅《ぜん》を学ぶ。帰国後、博多《はかた》に聖福寺《しょうふくじ》を、鎌倉に寿福寺《じゅふくじ》を、京都に建仁寺《けんにんじ》を創建して禅を広めた。禅批判に対しては『興禅護国論《こうぜんごこくろん》』を著わして反論し、武士階級との密接な関係を築いた。

【教え】
臨済宗の教義《きょうぎ》は、坐禅《ざぜん》によって悟《さと》りを開くことであり、開祖・臨済義玄《ぎげん》の教えは『臨《りん》済録《ざいろく》』で伝えられている。師から出題された公案《こうあん》（問題）に取り組んで悟りを目指す修行方法が取り入れられており、公案は全部で一七〇〇則《そく》あるといわれ、いずれも多く不合理な内容の難問で、決まった答えはない。

【本尊】釈迦如来《しゃかにょらい》／【大本山】妙心寺《みょうしんじ》、南禅寺《なんぜんじ》、東福寺《とうふくじ》、大徳寺《だいとくじ》、天龍寺《てんりゅうじ》、相国寺《そうこくじ》、建《けん》仁寺《にんじ》、建長寺《けんちょうじ》、円覚寺《えんがくじ》、方広寺《ほうこうじ》、永源寺《えいげんじ》、向嶽寺《こうがくじ》、國泰寺《こくたいじ》など／【根本経典】とくになし（『法華経《ほけきょう》』『華厳経《けごんきょう》』『維摩経《ゆいまぎょう》』『涅槃経《ねはんぎょう》』『梵網経《ぼんもうきょう》』など諸経典を重んじる）

臨済宗の系譜

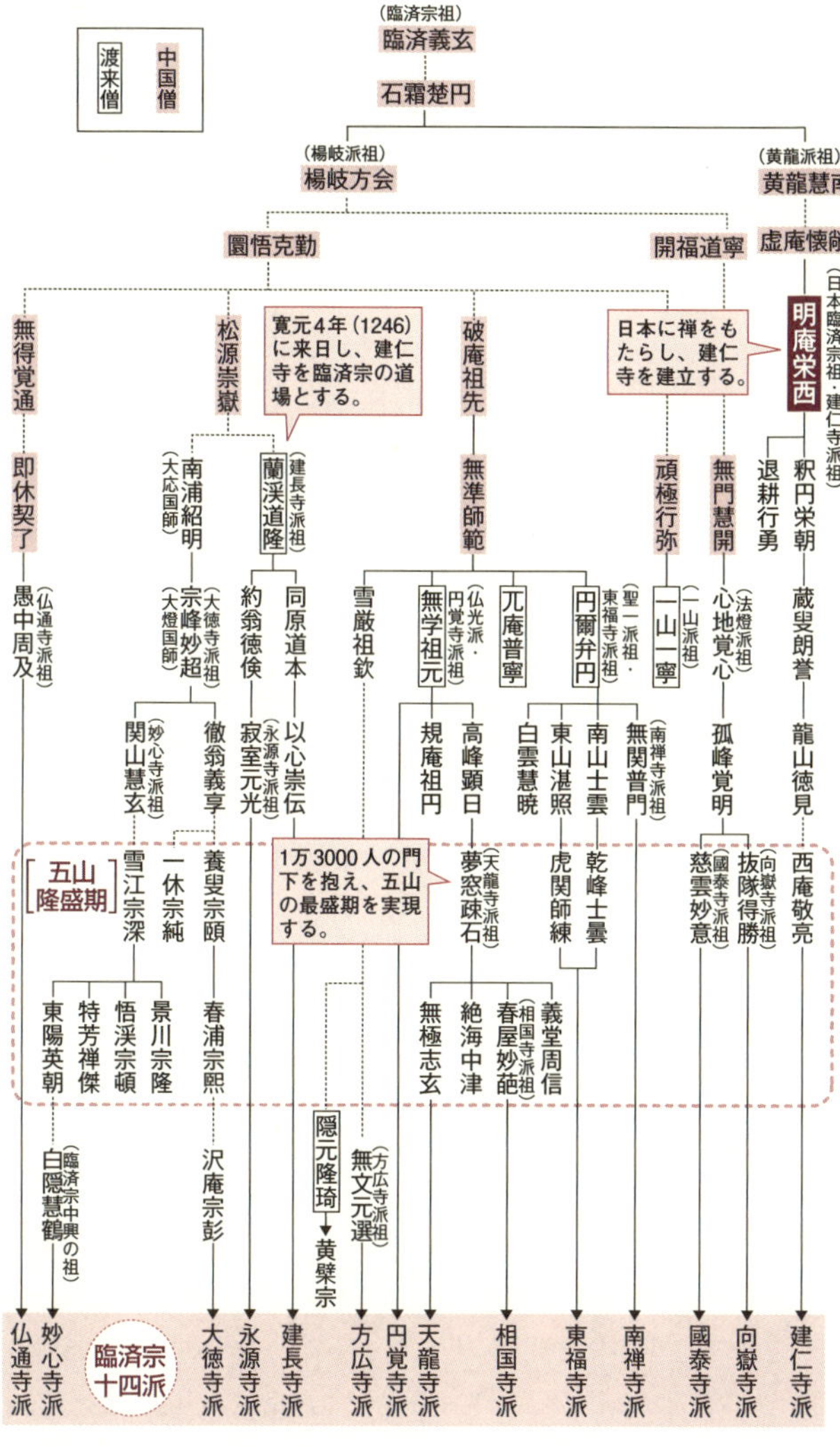
中国僧
渡来僧
（臨済宗祖）臨済義玄
石霜楚円
（楊岐派祖）楊岐方会
（黄龍派祖）黄龍慧南
圜悟克勤
開福道寧
虚庵懐敞
明庵栄西（日本臨済宗祖・建仁寺派祖）
日本に禅をもたらし、建仁寺を建立する。
無得覚通
松源崇嶽
寛元4年（1246）に来日し、建仁寺を臨済宗の道場とする。
破庵祖先
即休契了
南浦紹明（大応国師）
蘭渓道隆（建長寺派祖）
無準師範
頑極行弥
無門慧開
退耕行勇
釈円栄朝
愚中周及（仏通寺派祖）
宗峰妙超（大徳寺派祖）（大燈国師）
約翁徳倹
同原道本
雪巌祖欽
無学祖元（仏光派・円覚寺派祖）
兀庵普寧
円爾弁円（聖一派・東福寺派祖）
一山一寧（一山派祖）
心地覚心（法燈派祖）
蔵叟朗誉
関山慧玄（妙心寺派祖）
徹翁義亨
寂室元光（永源寺派祖）
以心崇伝
規庵祖円
高峰顕日
白雲慧暁
東山湛照
南山士雲
無関普門（南禅寺派祖）
孤峰覚明
龍山徳見
五山隆盛期
雪江宗深
一休宗純
養叟宗頤
1万3000人の門下を抱え、五山の最盛期を実現する。
夢窓疎石（天龍寺派祖）
虎関師錬
乾峰士曇
慈雲妙意（國泰寺派祖）
抜隊得勝（向嶽寺派祖）
西庵敬亮
東陽英朝
特芳禅傑
悟渓宗頓
景川宗隆
春浦宗熙
無極志玄
絶海中津
春屋妙葩（相国寺派祖）
義堂周信
白隠慧鶴（臨済宗中興の祖）
沢庵宗彭
隠元隆琦→黄檗宗
無文元選（方広寺派祖）
臨済宗十四派
仏通寺派
妙心寺派
大徳寺派
永源寺派
建長寺派
方広寺派
円覚寺派
天龍寺派
相国寺派
東福寺派
南禅寺派
國泰寺派
向嶽寺派
建仁寺派

建仁寺

栄西によって開かれた禅専修の寺

基本情報
所在地：京都府京都市東山区大和大路四条
山号：東山
開山：栄西
開基：源頼家

祇園に建つ日本最古の禅寺

建仁寺《けんにんじ》は臨済宗建仁寺派の大本山。建仁二年（一二〇二）に鎌倉幕府二代将軍・源《みなもとの》頼家《よりいえ》が寺域を寄進《きしん》し開かれたのを始まりとする。開創時の元号をとって建仁寺とし、山号は東山《とうざん》。祇園《ぎおん》の地に建つ京都最古の禅寺である。

重要文化財に指定された方丈《ほうじょう》や法堂《はっとう》を有し、俵屋宗達《たわらやそうたつ》筆で国宝の『風神雷神図《ふうじんらいじんず》』なども所有している。また、枯山水《かれさんすい》の庭園や、どの位置から眺めても正面になる四方正面の禅庭・潮音庭《ちょうおんてい》など美しい庭も人気を集めている。

この寺を開いたのは、日本に臨済宗をもたらした栄西である。彼は、一四歳で比叡山《ひえいざん》に入って天台宗《てんだいしゅう》を学び、二八歳の時に入宋して臨済宗と出会った。半年後に一度帰国したが、四七歳で再び宋に渡り、臨済宗黄龍派の虚庵懐敞に師事し、悟りを得た証明である印可《いんか》を受けて帰国を果たした。その後は九州各地に禅寺を開き、さらに京で布教を始めたが、天台宗から迫害を受け、鎌倉へ下った。

建仁寺法堂の双龍図

臨済宗の寺院の法堂天井には、雲龍図がよく描かれる。これは龍が法（仏法）の雨を降らすとされるため。

すると栄西の説く禅が武士の間に受け入れられ、将軍の源頼家と、その生母である北《ほう》条《じょう》政子《まさこ》の帰依《きえ》を受けたことで、建仁寺の創建へと漕ぎつける。

しかし、当時は台頭する禅宗に延暦寺が警戒を強めていた時期であり、京都の町の強風の被害は、禅僧が身に付けた大袈裟《おおげさ》や大衣《たいえ》が起こす異国の風が原因であるという噂が流れた。これに対して栄西は、「禅僧の栄西は人間であって風神ではない。もし栄西が風を起こしたのであれば人間以上の存在であり、京におわす天皇が見捨てるわけがない」と抗弁《こうべん》したところ、ようやく天皇がこれを認め、禅寺建立を許可したという逸話《いつわ》が伝わる。

建仁四年（一二〇四）頃に僧堂《そうどう》の建築が始

まり、法堂《はっとう》などの伽藍《がらん》が建立されていった。しかし、境内《けいだい》には真言《しんごん》、止観《しかん》の両院も建てられた。これは、建仁寺が天台教学と密教《みっきょう》と禅を兼修する道場として開創を許されたためである。

●武士の保護を受け禅寺として確立

かくして三宗兼修の寺として出発した建仁寺が、禅専修の寺となるのは、寛元《かんげん》四年（一二四六）以降のこと。南宋《なんそう》から来日し、第一一世として建仁寺に入った蘭渓道隆《らんけいどうりゅう》（大覚《だいかく》禅師《ぜんじ》）が、三宗兼修を改めて禅専修の寺風を打ち立てたのである。

やがて一三世紀の終わりには、鎌倉幕府が臨済宗の寺院を官寺として五山《ござん》、十刹《じっさつ》の格付けを行ない、鎌倉五山、京都五山を決めた際、建仁寺は京都五山の第三位に格付けされる。京都五山とは、天龍寺《てんりゅうじ》、相国寺《そうこくじ》、建仁寺《けんにんじ》、東福寺《とうふくじ》、万寿寺《まんじゅじ》の五つで、幕府から厚い保護を受けた。天文《てんぶん》二一年（一五五二）に大火で伽藍の大半が焼失するなどして一時衰退したが、豊臣秀吉《とよとみひでよし》の時代になると、秀吉の信頼が篤かった毛利《もうり》家の外交僧・安国寺《あんこくじ》恵瓊《えけい》の援助によって再建を果たした。江戸中期には朱印高《しゅいんだか》八二一石、塔頭《たっちゅう》が三六ヶ院に及び、臨済宗の本山寺院としての寺勢を誇り、以後、八〇〇年の時が経った現在でも、日本の禅宗の中心的存在である。

建仁寺の境内

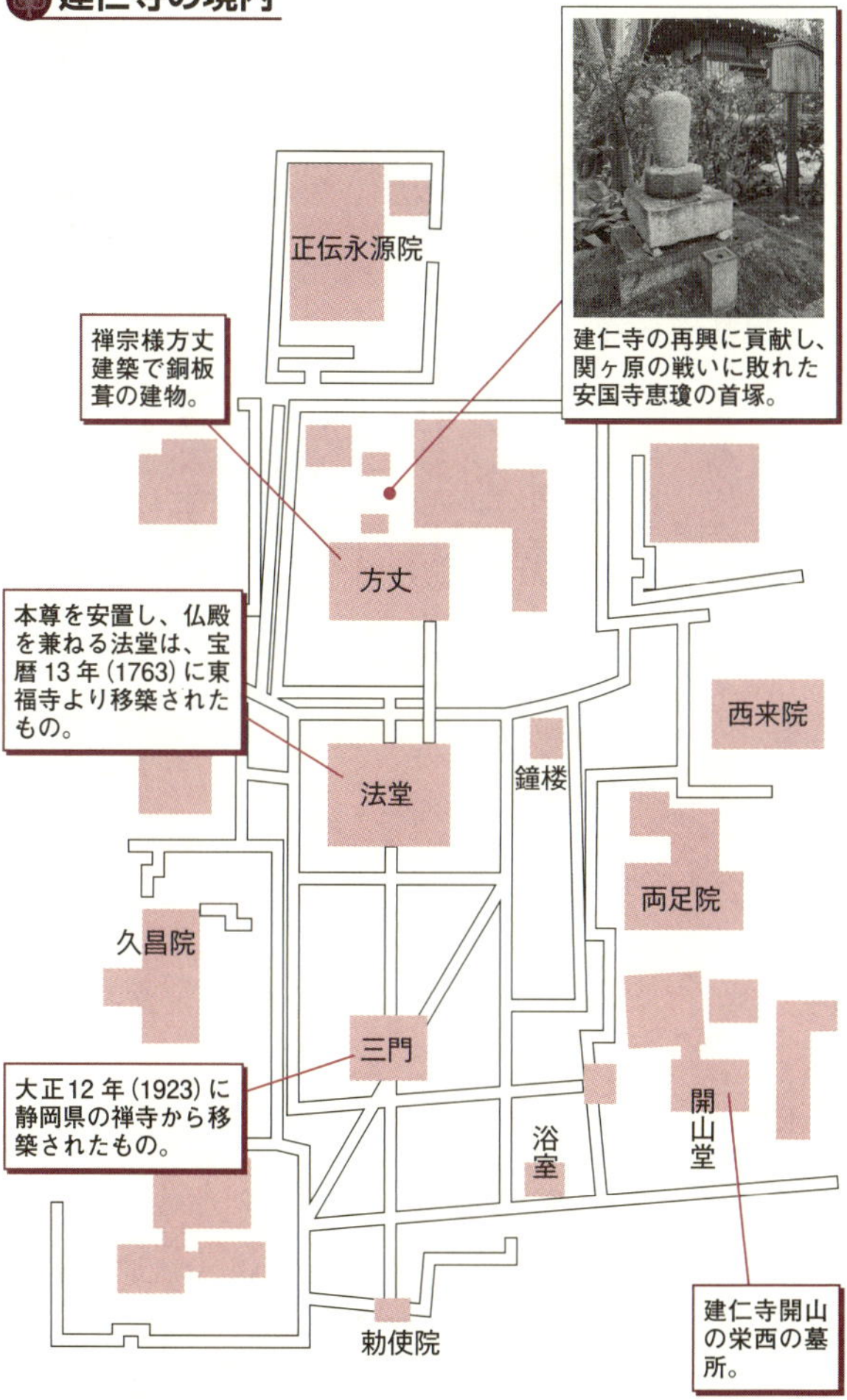
建仁寺の再興に貢献し、関ヶ原の戦いに敗れた安国寺恵瓊の首塚。
正伝永源院
禅宗様方丈建築で銅板葺の建物。
方丈
本尊を安置し、仏殿を兼ねる法堂は、宝暦13年（1763）に東福寺より移築されたもの。
西来院
鐘楼
法堂
両足院
久昌院
三門
大正12年（1923）に静岡県の禅寺から移築されたもの。
浴室
開山堂
勅使院
建仁寺開山の栄西の墓所。

栄西によって建立が許可された建仁寺は当初、延暦寺の末寺であったが、第11世の蘭渓道隆によって禅専修の寺として独立した。現在の伽藍は安国寺恵瓊によって復興されたもの。

妙心寺

公案禅を確立させた白隠の寺

基本情報

所在地：京都府京都市右京区花園妙心寺町
山号：正法山
開山：関山慧玄
開基：花園法皇

●一直線に伽藍が並ぶ壮観な寺社

妙心寺《みょうしんじ》は暦応《りゃくおう》五年（一三四二）に創建された臨済宗妙心寺派の大本山である。一〇万坪の寺地は花園《はなぞの》法皇の離宮《りきゅう》で、花園御所《ごしょ》、あるいは萩原《はぎわらの》御所と呼ばれていた場所にある。

なぜ花園法皇の離宮址に妙心寺があるのか、理由は以下の通りである。

花園法皇は、大徳寺を開いた宗峰妙超《しゅうほうみょうちょう》に禅を学び、印可を受けた。その宗峰妙超が病に伏し、重態となった時、花園法皇の次の師として、宗峰妙超が推挙したのが弟子の関山《かんざん》慧玄《えげん》であった。これを受けて法皇は、花園離宮を禅寺とするとし、山号と寺号の命名も宗峰妙超に依頼したのである。

その後妙心寺は、武士たちの支持を得て寺勢を拡大していったが、室町時代の有力守護大名・大内義弘《おおうちよしひろ》が三代将軍・足利義満《あしかがよしみつ》に反旗《はんき》を翻《ひるがえ》した応永《おうえい》の乱の際、妙心寺が大内氏との縁が深かったことが義満の逆鱗《げきりん》に触れ、一時断絶を余儀なくされてしまう。

妙心寺塔頭の庭園

退蔵院方丈庭園

玉鳳院庭園

大法院庭園

妙心寺の中核部分の周辺には、塔頭が建ち並ぶ。作庭も修行のひとつと捉える禅宗の教えの影響で各塔頭には優れた庭園が造られている。

妙心寺の境内

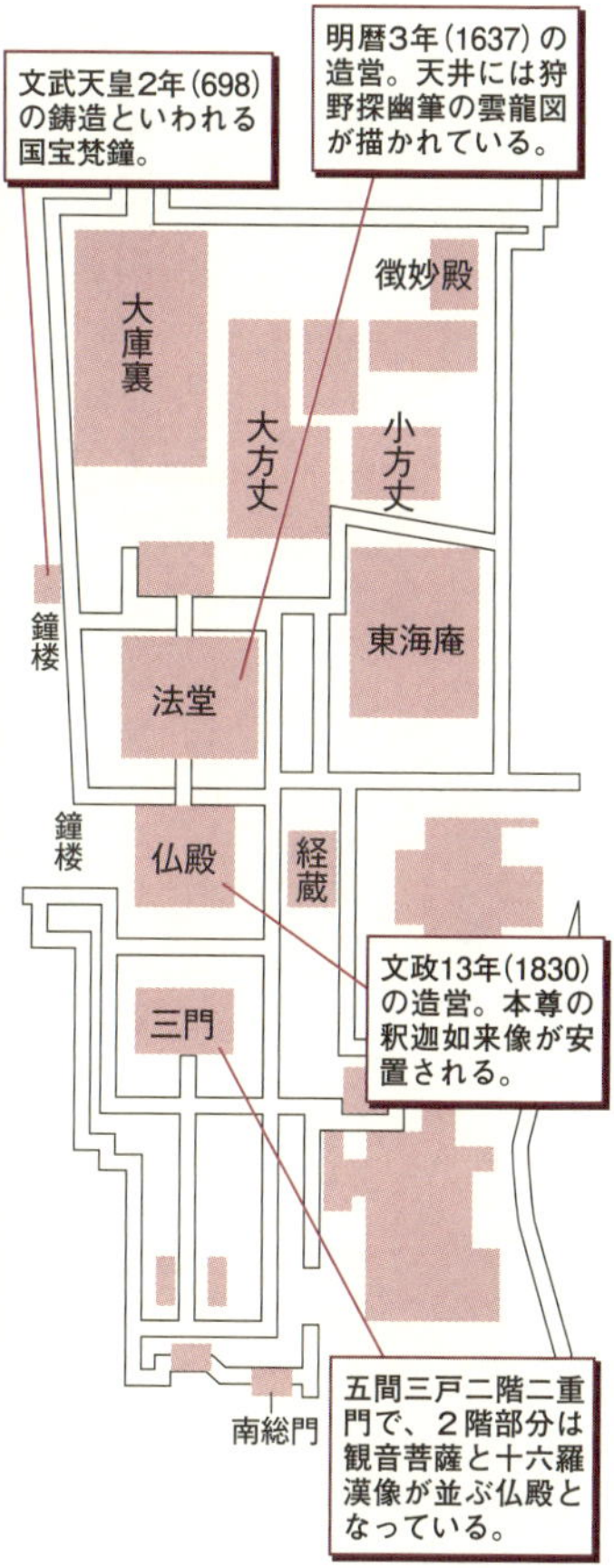
文武天皇2年(698)の鋳造といわれる国宝梵鐘。
明暦3年(1637)の造営。天井には狩野探幽筆の雲龍図が描かれている。
徴妙殿
大庫裏
大方丈
小方丈
東海庵
鐘楼
法堂
鐘楼
仏殿
経蔵
文政13年(1830)の造営。本尊の釈迦如来像が安置される。
三門
南総門
五間三戸二階二重門で、2階部分は観音菩薩と十六羅漢像が並ぶ仏殿となっている。

妙心寺は応永の乱によって没落。その後の再興を経て再び応仁の乱によって断絶するが、雪江宗深によって再興された。

さらに三〇年後、日峰宗舜《にっぽうそうしゅん》によって再建されたものの、今度は応仁《おうにん》の乱で焼失と、災難が続いた。だが後土御門院《ごつちみかどいん》の綸旨《りんじ》を受けた雪江宗深《せっこうそうしん》によって再興されると、永正《えいしょう》六年（一五〇九）には、関白一条兼良《かんぱくいちじょうかねよし》の娘・利貞尼《りていに》によって仁和寺《にんなじ》から購入された土地が寄進《きしん》され、今日の規模となった。

臨済宗は、江戸時代に新たな公案による修行体系を確立し、現在の臨済禅は、この時代に誕生した公案禅が本流となっている。この公案体系を確立させたのが白隠慧鶴《はくいんえかく》で、臨済宗中興の祖として仰《あお》がれている。

貞享《じょうきょう》二年（一六八五）、駿河国《するがのくに》に生まれた白隠は、世に名高い宗師の門をいくつも叩き、やがて信濃国飯山《しなののくにいいやま》の正受《しょうじゅ》老人・道鏡慧端《どうきょうえたん》と巡り合い、公案に取り組む日々を送った。やがて二六歳で大悟《だいご》し、庶民への禅の普及に尽力。「五〇〇年に一度の名僧」とまで称えられた。

のちに妙心寺第一座の僧階を与えられた白隠は、公案修行を重視し、新しい公案を作りだしたのである。

五山十刹の外に置かれた妙心寺であったが、その後も多くの名僧を輩出し、臨済宗寺院の半数以上に当たる三六〇〇カ寺を末寺とする宗内最大の大本山へと成長していった。

天龍寺

夢窓疎石が開き名園を持つ後醍醐天皇ゆかりの寺

基本情報
所在地：京都府京都市右京区嵯峨天龍寺芒ノ馬場町
山号：霊亀山
開山：夢窓疎石
開基：足利尊氏

●後醍醐天皇を弔うために建立された室町幕府ゆかりの寺

洛北《らくほく》、嵐山《あらしやま》近くの嵯峨野《さがの》の地にある臨済宗天龍寺《てんりゅうじ》派の大本山・天龍寺。暦応《りゃくおう》二年（一三三九）、崩御《ほうぎょ》した後醍醐《ごだいご》天皇の菩提《ぼだい》の弔《とむら》いと、南北朝の争乱のなかで亡くなった人々の慰霊《いれい》を目的とし、夢窓疎石《むそうそせき》が足利尊氏《あしかがたかうじ》に進言して創建された。

この地は平安時代に嵯峨《さが》天皇の皇后・橘嘉智子《たちばなのかちこ》が創建した日本最初の禅院・壇林寺《だんりんじ》があった場所である。その跡地に、鎌倉時代に後嵯峨《ごさが》天皇が離宮亀山殿《かめやまどの》を造営、後醍醐天皇に引き継がれていた。

しかし、造営は簡単ではなかった。その膨大な資金を用意するのが難しく、尊氏は備《び》前国《ぜんのくに》や日向国《ひゅうがのくに》、阿波国《あわのくに》などの土地を寄進するなどして資金調達を図《はか》ったが、それでもまだまだ足りない。

そこで夢窓疎石に相談したところ、元《げん》との交易を勧めたため、天龍寺船の派遣が始まった。この貿易は見事成功し、享和《きょうわ》元年（一三四五）、その利益によって天龍寺が完成。後醍醐天皇の七回忌と共に落慶供養《らっけいくよう》が行なわれた。

当時の天龍寺は現在の渡月橋《とげつきょう》、嵐山《あらしやま》、亀山までを含む広大な敷地を有し、塔頭《たっちゅう》は一五〇にも上り、京都五山の第一位に列せられた。

しかし、室町幕府の衰退や、応仁の乱、幕末の禁門《きんもん》の変などの戦火に巻き込まれるなどして、なんと八回も火災に見舞われ、現在の寺域はかつての一〇分の一に縮小。塔数も九院に留まっている。

天龍寺の建物の多くは、明治期に再建されたものであるが、この寺の見所はなんといっても庭園だ。日本初の国特別名勝に指定されており、世界遺産にも登録されている。

大方丈《だいほうじょう》前に広がる庭園は、曹源池《そうげんち》を巡る池泉回遊式《ちせんかいゆうしき》庭園で、現在も夢窓疎石が作庭した当時の面影をとどめている。亀山・嵐山を借景《しゃっけい》とし、池や白砂が配置された庭園は、絵画的表現が感じられる美しさだ。

なかでも注目は曹源池の正面にある三段の枯滝・龍門瀑《りゅうもんばく》である。

鯉が滝を登って龍になるという中国の故事が表現され、三段目と二段目の水落石《みずおちいし》の間に、鯉が滝を登る姿を現わす鯉魚石《りぎょせき》がある。この龍門瀑が、後に日本における「登竜門《とうりゅうもん》」という言葉の発信地となった。

天龍寺の曹源池庭園

夢窓疎石の作庭による曹源池と多様な石組みが名高い池泉回遊式庭園。

天龍寺の境内

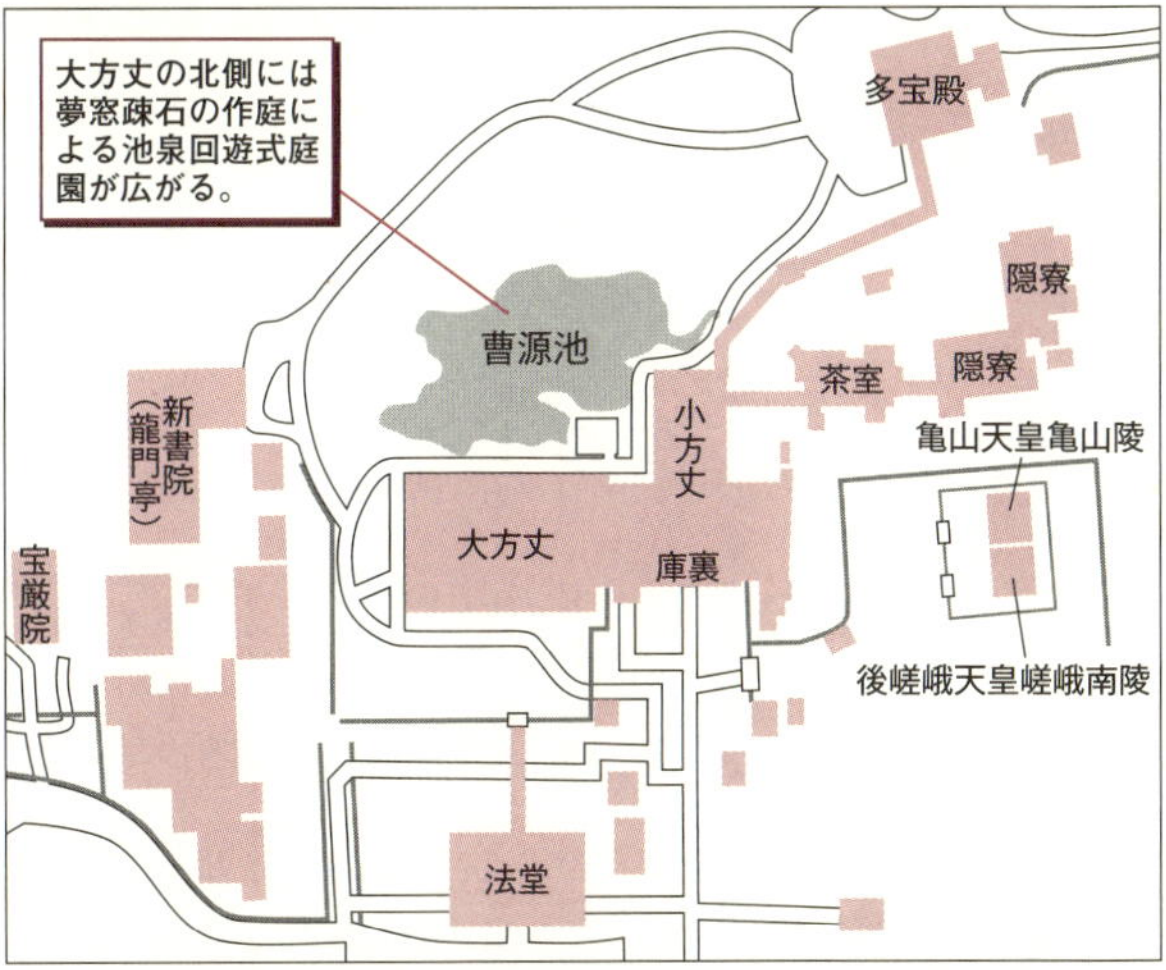

兵火と火災によって創建当初の堂宇は失われたが、禅画や庭園など注目すべき文化財も多く残る。

相国寺

足利義満が建立した京都五山第二位の寺

相国寺の法堂

慶長10年（1605）、豊臣秀頼の寄進によって再建され、天明の大火も免れて伝わった我が国現存最古の法堂。

臨済宗相国寺《しょうこくじ》派大本山で、正式名称は萬《まん》年山《ねんざん》相国承天禅寺《しょうこくしょうてんぜんじ》という。

室町幕府三代将軍・足利義満《あしかがよしみつ》により建立され、夢窓疎石《むそうそせき》が開山（実際には、夢窓疎石の甥の春屋妙葩《しゅんおくみょうは》が手がけたと伝わる）。

寺名の相国は、開基である足利義満が当時左大臣でもあったことから、左大臣の称号である相国（中国では宰相《さいしょう》を意味する）にちなむ。

また、世界遺産として有名な鹿苑寺《ろくおんじ》・慈《じ》照寺《しょうじ》はともに相国寺の塔頭《たっちゅう》寺院である。

基本情報

所在地：京都府京都市上京区今出川通烏丸東入相国寺門前町
山　号：萬年山
開　山：夢窓疎石
開　基：足利義満

東福寺

「東福の伽藍面」と称された京都の古刹

東福寺方丈の北庭

昭和初期の作庭家・重森三玲の手による方丈北庭。市松模様状に配された敷石が特徴。

臨済宗東福寺《とうふくじ》派大本山・東福寺は、京都五山の第四位に格付けされた寺で、寺名は東大寺《とうだいじ》と興福寺《こうふくじ》から一文字ずつ取ってつけられた。

嘉禎《かてい》二年（一二三六）、摂政《せっしょう》・九条道家《くじょうみちいえ》の依頼を受けた円爾弁円《えんにべんえん》によって開かれ、建長《けんちょう》七年（一二五五）に七堂伽藍《しちどうがらん》が完成し「東福の伽藍面《づら》」と呼ばれた。しかし、幾度も火災に遭い伽藍を焼失。そのたびに再建された。

見所は、応永《おうえい》年間（一三九四～一四二八）再建の三門で、楼上《ろうじょう》に十六羅漢《らかん》像などを配する高さ二五メートルの建築物である。

基本情報

所在地：京都府京都市東山区本町
山　号：慧日山
開　山：円爾弁円
開　基：九条道家

南禅寺

「五山之上」別格に列せられた京都禅宗寺院の最高位の寺

基本情報
所在地：京都市左京区南禅寺福地町
山号：瑞龍山
開山：無関普門
開基：亀山法皇

京都五山別格の名刹

歌舞伎《かぶき》の「楼門五三桐《ろうもんごさんのきり》」のなかで、石川五右衛門《いしかわごえもん》が夕暮れ時の満開の桜の花を眺めながら「絶景かな、絶景かな」と語る場面はあまりにも有名だが、実はこの舞台に設定されているのが南禅寺《なんぜんじ》の三門である。

南禅寺は、臨済宗南禅寺派の大本山で、正応《しょうおう》四年（一二九一）、亀山《かめやま》法皇が離宮「禅林寺殿《ぜんりんじどの》」を無関普門《むかんふもん》に寄進して離宮を禅寺へ改めたことが起こりである。

正応元年（一二八八）頃から、亀山上皇の離宮に妖怪《ようかい》が出没する騒ぎが起こり、これを見事に退治したのが、当時の東福寺《とうふくじ》住持《じゅうじ》無関普門であった。彼は正応三年（一二九〇）に宮中で坐禅し、見事に妖怪を退散させたのである。この一件を機に無関普門に深く帰依《きえ》した亀山法皇は、禅宗に心を寄せるようになり、朝廷による初の禅寺創建へとつながる。

こうした経緯から南禅寺は、至徳《しとく》三年（一三八六）、「五山之上《ござんのうえ》」、すなわち京都五山を超えた最上位にあたる別格《べっかく》に列せられ、京都禅宗寺院の最高位の寺となった。

鎌倉五山と京都五山

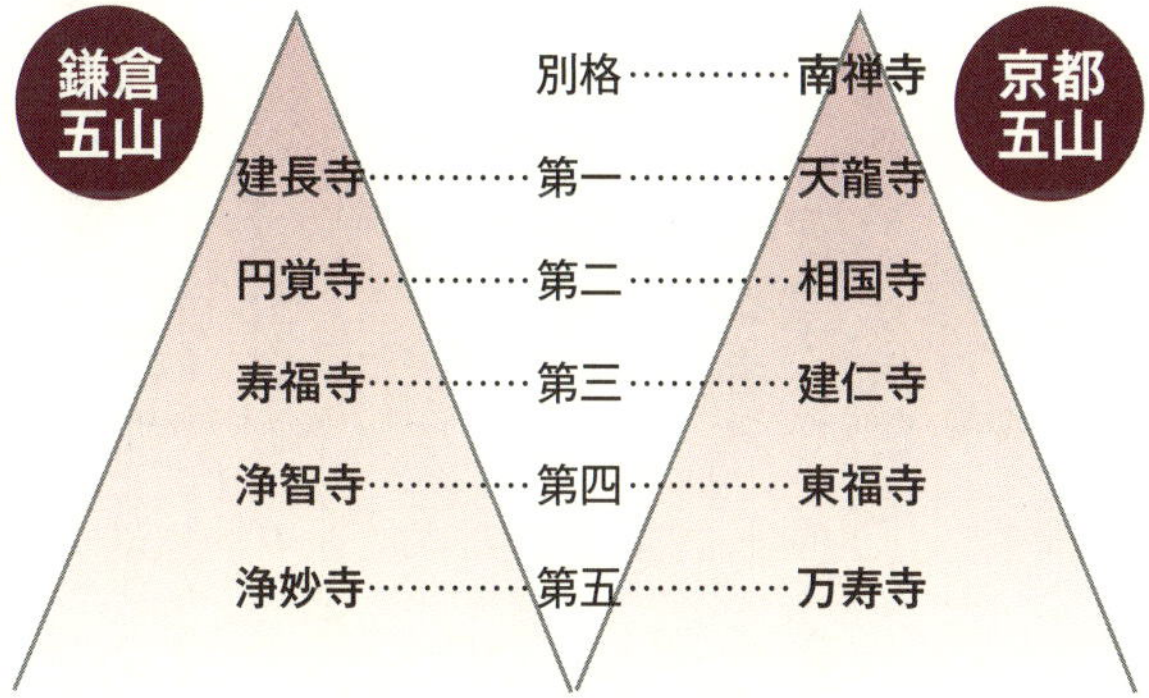

鎌倉・室町時代、幕府権力と密接に結びついた禅寺は、五山十刹の制度のなかに取り込まれ序列化がなされた。その頂点に位置したのが鎌倉と京都の五山である。

室町中期以降は比叡山僧徒《ひえいざんそうと》の焼き討ちや戦乱で多くの伽藍《がらん》を焼失し、衰退したが、豊臣秀吉や徳川家康《とくがわいえやす》の助力によって復興を遂げる。現在の建造物は、桃山時代以降に再建されたもの。

前述の三門は日本三大門のひとつといわれ、「天下龍門《てんかりゅうもん》」とも呼ばれている。

大小ふたつの方丈があり、慶長《けいちょう》一六年（一六一一）に建てられた大方丈は、桃山時代の建築技術を集結させた神殿造の建物で、小方丈は伏見城《ふしみじょう》の遺構だといわれている。内部は狩野元信《かのうもとのぶ》や狩野永徳《えいとく》の筆と伝わる襖絵《ふすまえ》で飾られ、小方丈では金地《こんじ》に竹林群虎《ちくりんぐんこ》を描いた襖絵四〇枚にわたる『群虎図《ぐんこず》』なども見ることができる。

大徳寺

一休宗純により中興され、戦国大名の塔頭が立ち並ぶ大寺

基本情報

所在地：京都府京都市北区紫野大徳寺町
山　号：龍宝山
開　山：宗峰妙超

●豊臣秀吉や千利休ゆかりの禅寺

臨済宗大徳寺《だいとくじ》派大本山。山号は龍寶山《りゅうほうざん》。大徳寺のある京都・紫野《むらさきの》は、平安時代には公《く》卿《ぎょう》や貴族が出かける行楽地だった。その地に、鎌倉時代の正和《しょうわ》四年（一三一五）、宗峰《しゅうほう》妙超《みょうちょう》（大燈国師《だいとうこくし》）が一院を建てたのが大徳寺の始まりで、花園《はなぞの》上皇、後醍醐《ごだいご》天皇などの帰依を受けて寺域が広がり、正中《しょうちゅう》二年（一三二五）には勅願所《ちょくがんしょ》となった。

建武《けんむ》元年（一三三四）には、後醍醐天皇によって京都五山の上に列せられたが、その後、室町幕府と対立して政権の庇護《ひご》を外れたうえ、京都五山からも離れたため、衰退の一途を辿った。一時は私寺として再建されたが、応仁の乱で焼失。文明《ぶんめい》年間（一四六九～八七）に、中興《ちゅうこう》の祖である一休宗純《いっきゅうそうじゅん》が住持《じゅうじ》となり、堺《さかい》の豪商・尾和宗臨《おわそうりん》の支援を受けて復興を果たした。

その後の大徳寺は、豊臣秀吉など多くの戦国武将からの庇護《ひご》を受け、大いに発展した。天正一〇年（一五八二）には、豊臣秀吉が主君・織田信長《おだのぶなが》の葬儀を大徳寺で行なっており、

戦国大名ゆかりの大徳寺

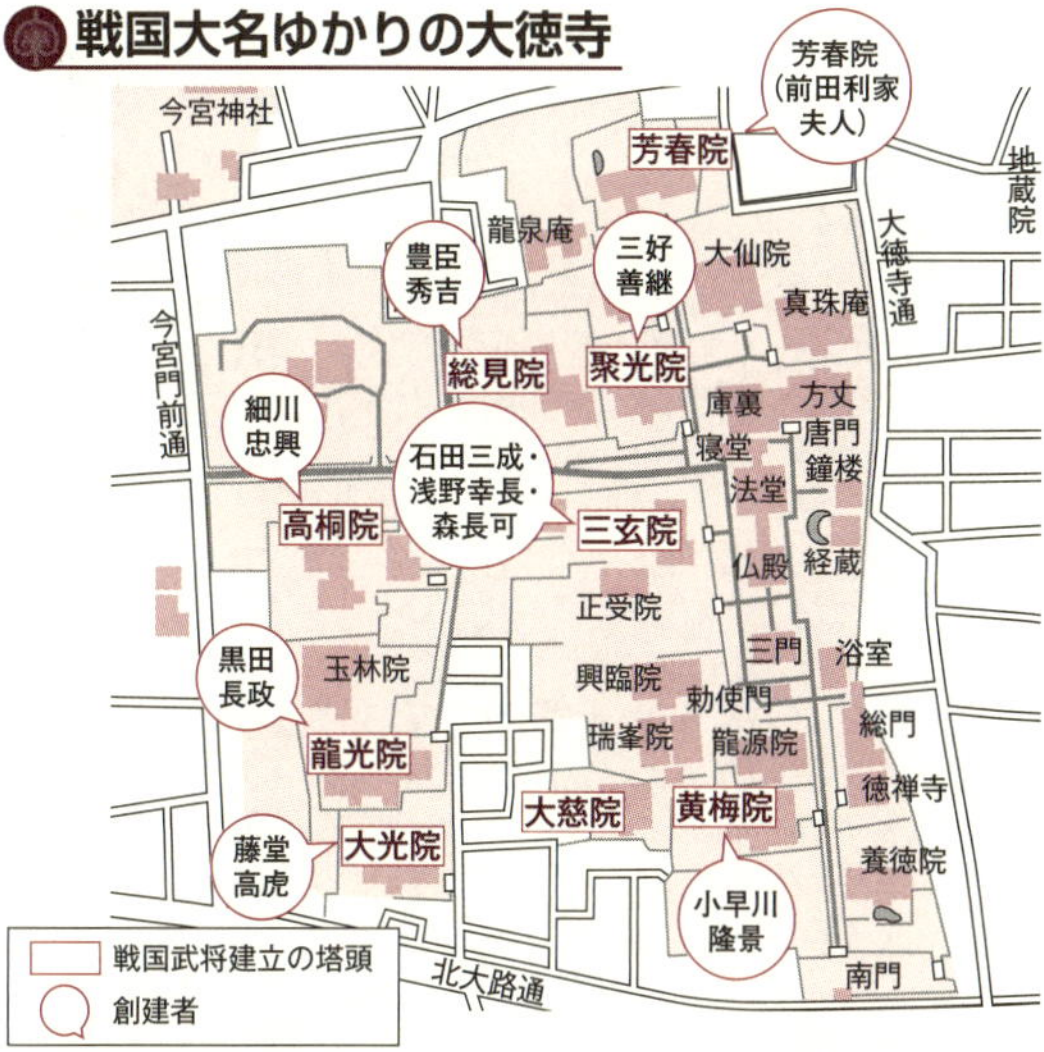

大徳寺の塔頭は戦国大名によって建てられたものが多い。

現存する総見院《そうけんいん》は、信長の菩提を弔《とむら》うために秀吉が建立したものだ。

さらに聚光院《じゅこういん》は、三好《みよし》長慶《ながよし》の菩提を弔うために創建したものであり、黄梅院《こうばいいん》は小早川隆景《こばやかわたかかげ》、三玄院《さんげんいん》は石田三成《いしだみつなり》、浅野幸長《あさのよしなが》、森可成《もりよしなり》の三人による創建といった具合に、戦国大名ゆかりの塔頭が建ち並んでいる。

また、一休宗純に師事した侘《わ》び茶の祖・村《むら》田《た》珠光《じゅこう》以来、茶人とのゆかりも深い。三門（金毛閣《きんもうかく》）は、単層だった門を千利《せんのり》休《きゅう》が二層の楼門《ろうもん》に改築したもので、この時、楼上に置いた利休像が秀吉の怒りに触れ、利休切腹に繋がったと伝えられている。

建長寺

地蔵菩薩を祀る鎌倉五山の第一の寺

基本情報

所在地：神奈川県鎌倉市山ノ内
山　号：巨福山
開　山：蘭渓道隆
開　基：北条時頼

鎌倉五山の第一に列せられた鎌倉時代を代表する寺院

建長寺《けんちょうじ》は建長五年（一二五三）に、中国の禅僧・蘭渓道隆《らんけいどうりゅう》によって創建された日本初の本格的禅寺で、古都・鎌倉を代表する寺院の一つである。

発願《ほつがん》は鎌倉幕府の第五代執権《しっけん》・北条時頼《ほうじょうときより》で、質実剛健な鎌倉武士の気風が禅宗と合い、建長寺は隆盛を極めた。室町時代には鎌倉五山の第一位に列せられている。

鎌倉時代の地震や、室町時代の二度にわたる大火で創建時の堂宇はすべて焼失したが、江戸時代に三代将軍・家光《いえみつ》の庇護《ひご》などによって再建を果たした。三門、仏殿、法堂は国の重要文化財に指定されており、これらが一直線に並ぶ禅宗特有の伽藍配置となっている。

三門は壮大で、高さは約三〇メートル。楼上の仏殿には釈迦如来《しゃかにょらい》像などが安置される。また、茅葺《かやぶき》の鐘楼《しょうろう》に吊るされている高さ二メートルの梵鐘《ぼんしょう》は建長七年（一二五五）の鋳造で、国宝に指定されている鎌倉三名鐘の一つだ。

最大の見所は、仏殿に安置される本尊の地蔵菩薩《じぞうぼさつ》像である。座高約二・四メートル、台

建長寺

建長寺の本尊・地蔵菩薩を安置する仏殿（左）と、法堂（右）。

座を含めると五メートルもあり、鎌倉で最も大きな地蔵菩薩像である。

釈迦如来を本尊とすることが多い禅寺のなかで、地蔵菩薩を本尊とするのは非常に珍しいが、これは、建長寺の寺域がかつて地獄谷《じごくだに》と呼ばれる処刑場だったからだという。亡くなった人々を弔《とむら》うために地蔵堂が建っていた縁で、地蔵菩薩が本尊になったといわれている。

境内は全域が史跡となっており、桜、サツキ、紫陽花《あじさい》、萩など、豊かな自然に囲まれている。仏殿の前にある七本の柏槇《びゃくしん》は、蘭渓道隆お手植えと伝えられており、鎌倉にある柏槇のなかでも最も古い。威風堂々とした姿は、七〇〇年を超える歴史を感じさせる。

円覚寺

文永・弘安の役の犠牲を弔った鎌倉の古寺

円覚寺の舎利殿

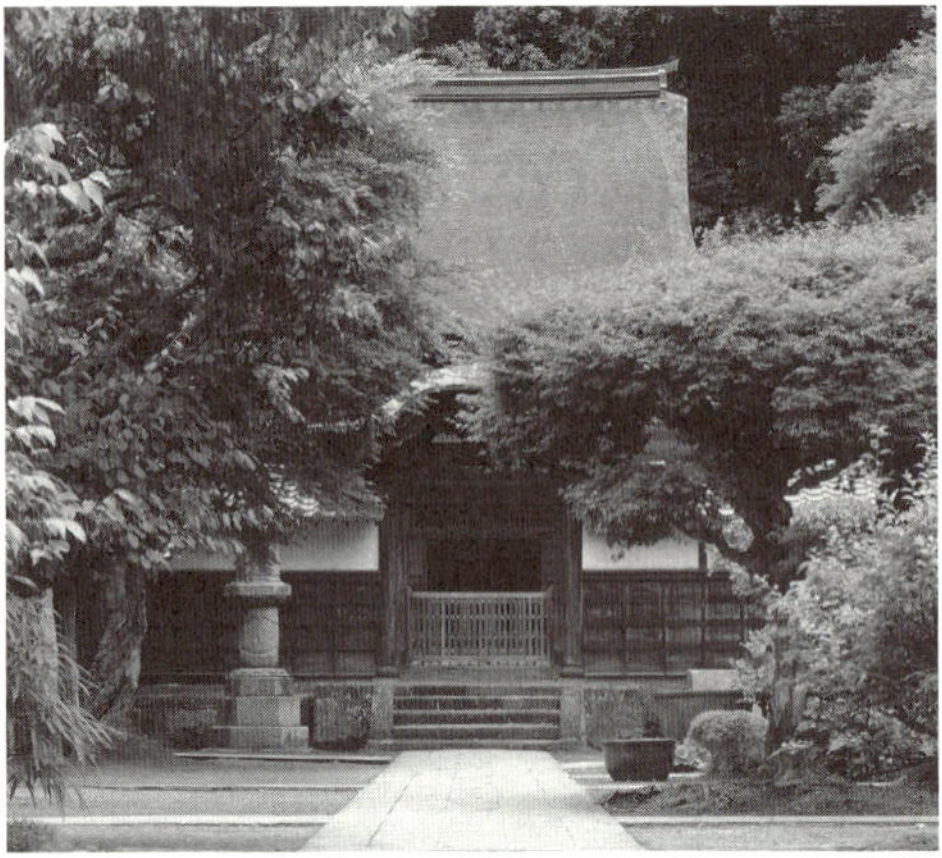

国宝に指定される円覚寺の舎利殿。入母屋造で２階建てに見えるが一重裳階付きの１階建ての建造物である。

鎌倉五山の第二位の格式を誇る円覚寺《えんがくじ》は、弘安《こうあん》五年（一二八二）、鎌倉幕府の第八代執権・北条時宗《ほうじょうときむね》によって、元寇《げんこう》の死者の慰霊のために建立された。工事中、円覚経を納めた石櫃《せきひつ》が発見されたのが寺名の由来である。

開山の無学祖元《むがくそげん》（仏光国師《ぶっこうこくし》）は、南宋《なんそう》より招かれた僧で、元の脅威が迫るなか、時宗らに元に対する抵抗の意志を植えつけたという。

国宝に指定される舎利殿《しゃりでん》は、廃寺となった大平寺《たいへいじ》の仏殿を移築した室町時代の建築と伝わる。

基本情報

所在地：神奈川県鎌倉市山ノ内
山号：瑞鹿山
開山：無学祖元
開基：北条時宗

方広寺

後醍醐天皇の皇子・無文元選が開いた名刹

方広寺の五百羅漢

参道沿いに並ぶ五百羅漢。宝暦年間に三河の石匠親子によって作られ、明和７年（1770）に完成した。

　方広寺《ほうこうじ》は臨済宗方広寺派の大本山で、南北朝時代の応安《おうあん》四年（一三七一）、無文元選《むもんげんせん》によって開かれた。無文元選は後醍醐天皇の第一一皇子として生まれ、父の崩御《ほうぎょ》の翌年、一八歳で出家《しゅっけ》。元に渡って南京《なんきん》の笑隠大訢《しょういんだいきん》や、建寧《けんねい》の古梅正友《こばいしょうゆう》に学んだ。帰国後、遠江《とおとうみ》の豪族・奥山六郎次郎朝藤《おくやまろくろうじろうともふじ》から六〇町歩《ちょうぶ》の土地と建物を寄進され、方広寺を開いた。

　寺名は、同地の景色が、かつて無文元選が訪れたことのある中国の天台山《てんだいさん》方広寺の風景に似ていたことに由来する。

基本情報

所在地：静岡県浜松市北区引佐町奥山
山　号：深奥山
開　山：無文元選
開　基：奥山朝藤

永源寺

「もみじ寺」と親しまれる五山に準ずる寺院

基本情報

所在地：滋賀県東近江市永源寺高野町
山号：瑞石山
開山：寂室元光
開基：佐々木氏頼

永源寺の紅葉

永源寺は紅葉の名所として知られ、「もみじ寺」とも呼ばれる。

関西有数の紅葉の名所として知られる滋賀県近江《おうみ》市の永源寺《えいげんじ》は、南北朝時代の康安《こうあん》元年（一三六一）に寂室元光《じゃくしつげんこう》によって開かれた。

開山にあたっては近江国守護《しゅご》の佐々木氏頼《ささきうじより》の寄進を受け、明応《めいおう》四年（一四九五）に五山に準ずる寺格を与えられている。また享禄《きょうろく》年間（一五二八〜一五三二年）には、後奈良《ごなら》天皇より紫衣出世《しえしゅっせ》の道場の資格を与えられるなど繁栄の時代を迎えた。明治九年（一八七六）、東福寺派に属したが、明治一三年（一八八〇）、永源寺派の大本山として独立した。

佛通寺

西日本唯一の臨済宗大本山

佛通寺の庭園

佛通寺の寺名は、愚中周及の師である即休契了の諡号「仏通禅師」にちなむ。

広島県三原市にある臨済宗仏通寺《ぶっつうじ》派の大本山・佛通寺は、西日本唯一の臨済宗大本山である。応永《おうえい》四年（一三九七）に夢窓疎石の弟子である愚中周及《ぐちゅうしゅうきゅう》により開かれ、開山にあたって安芸《あき》国主の小早川春平《こばやかわはるひら》が愚中周及を迎え創建に尽力したという。

以後、小早川家の庇護を受け、後小松《ごこまつ》天皇から紫衣《しえ》勅許《ちょっきょ》の綸旨《りんじ》を下賜《かし》されるなど寺勢は拡大し、約三千の末寺《まつじ》を抱えた。しかし、応仁の乱後は衰退し、天龍寺派に一時属したのち、明治三八年（一九〇五）、独立した。

基本情報

所在地：広島県三原市高坂町許山
山　号：高野山
開　山：愚中周及
開　基：小早川春平

向嶽寺

武田家と運命をともにした甲斐の名刹

向嶽寺

山梨県甲州市にある向嶽寺。甲斐国守護の武田氏の庇護を受けて建立された。

向嶽寺《こうがくじ》は臨済宗向嶽寺派の大本山で、山号を塩山《えんざん》とする。永和《えいわ》四年（一三七八）、抜隊《ばったい》得勝《とくしょう》が草庵《そうあん》を結んだのを開山とし、康暦《こうりゃく》二年（一三八〇）、甲斐国《かいのくに》守護職の武田信成《たけだのぶなり》が領地を寄進して現在地に寺院を建立した。

寺名は、抜隊得勝が見た富士山へ向かって禅問答する夢にちなむ。武田家の勅願寺《ちょくがんじ》だった当初は「向嶽庵」と呼ばれていたが、天文一六年（一五四七）、後奈良《ごなら》天皇の勅願所になり、「向嶽寺」と改称。武田信玄《しんげん》も庇護したが、武田家滅亡後は寺領の大半を失った。

基本情報

所在地：山梨県甲州市塩山上於曽
山　号：塩山
開　山：抜隊得勝
開　基：武田信成

國泰寺

北陸鎮護第一禅刹出世の道場

國泰寺

國泰寺は永仁２年（1296）、慈雲妙意が二上山に編んだ草庵に起源を持つという。

　國泰寺《こくたいじ》は嘉元《かげん》二年（一三〇四）、慈雲妙意《じうんみょうい》によって摩頂山東松寺《まちょうざんとうしょうじ》として開かれた。嘉《か》暦《りゃく》三年（一三二八）、後醍醐天皇から「護国《ごこく》摩頂巨山國泰仁王万年禅寺《まちょうこざんこくたいにんのうまんねんぜんじ》」の勅額《ちょくがく》が下賜されたため、寺名を國泰寺と改めた。勅願寺となり、北陸鎮護《ほくりくちんご》第一禅刹出世の道場となった。また、北朝の光明《こうみょう》天皇の命により足利《あしかが》尊氏《たかうじ》から寺領の寄進を受けたという。

　戦国時代の兵乱で荒廃したが、江戸期に復興。明治六年（一八七三）に、相国寺派に一時属したものの、のちに独立した。

基本情報

所在地：富山県高岡市太田
山　号：摩頂山
開　山：慈雲妙意

修行としきたり

悟りを見定める「公案禅」と功徳を積ませる「托鉢」

修行僧たちによる托鉢と公案禅の真意とは

臨済宗は、禅の実践のなかで、何ものにもとらわれない主体性ある心を養い、内なる仏《ぶっ》性《しょう》を見出し、事実、悟《さと》りを見定めよと教えている。その悟りを得るために、日常的に修行が行なわれている。

臨済宗の修行僧は、学校を出たあと、全国に数十カ所ある専門道場で、規則に則《のっと》った修行を三年間に及んで行なうことが義務付けられている。その修行は、非常に厳しい。

道場によって違いはあるものの、だいたい朝は三時半頃に起床し、その後、本堂で朝の読経《どきょう》、禅堂《ぜんどう》での坐禅が始まる。夜九時か一〇時頃にはだいたい開枕《かいちん》（消灯）になるが、その後もそれぞれが坐禅を行なうので、睡眠時間は極めて短い。

臨済宗では曹洞宗《そうとうしゅう》と同様、坐禅が修行の中心となっているが、こちらは公案禅が行なわれる。その坐禅のスタイルも異なっていて、曹洞宗は壁に向かって坐るのに対し、臨済宗では壁を背にして坐る。そして悟りを開くために師から出された公案を坐禅しながら解

臨済宗の公案禅

臨済宗

坐禅や公案などを通して、人間に備わっている仏性を自覚しようとする。

＝

看話禅

曹洞宗

目的を求めずただひたすら坐禅し（只管打坐）、坐禅の姿そのものが仏であると説く。

＝

黙照禅

［公案］

師が弟子を試すために問題を出し、弟子がそれに解答する。

古則公案

様々な典籍に残された古人の言行を身体全体で体得する。

現成公案

現実の世界をそのまま公案に見立てたもの。

一、師から問題が与えられる

坐禅を組みながら、師より出された公案の問題の解答を考え出す。

二、師の部屋で自分の見解を述べる

解答を得たならば、師の部屋を訪ね、自らの見解を示す。これに師が納得すれば、悟りを開いたとみなされる。

師の納得が得られない場合、再度坐禅に取り組む。

き、解答を提示する。弟子の答えが悟りに達していなければ、弟子は再度坐禅に取り組む。これを繰り返すことで、悟りの道に近づいていく。

一年に六回は、大摂心《おおぜっしん》という一週間にわたって行なわれる坐禅修行強化期間がある。この期間は一日中、ひたすら坐禅が行なわれる。なかでも、一二月一日から八日早朝にかけては、一週間寝ないで坐禅を行なう「臘八大摂心《ろうはつ》」が行なわれる。期間中、横になることも許されない非常に厳しい修行である。

臨済宗では末尾が一、三、六、八の日になると、修行僧は托鉢《たくはつ》に出かけていく。

托鉢とは、僧侶が町や村を歩いて食を乞《こ》うことで、乞食《こつじき》とも言う。インド仏教では、僧侶は出家《しゅっけ》して俗世間を離れたのだから、所有に対する欲望を捨てなければならないとし、生産労働が禁じられている。そこで、托鉢によって食物を得て、修行する者全員で公平に分配していた。

この托鉢が臨済宗でも重要な修行のひとつであり、僧は托鉢によって没我《ぼつが》の修行を積み、信徒には喜捨《きしゃ》することで功徳《くどく》を積ませる。

そのため、僧は仏に代わって喜捨を受けていると見なされ、僧は礼を言わないのが原則。僧たちは経を唱《とな》えながら家々を回っていく。

臨済宗の一年

禅宗の開祖・達磨大師の命日に行なわれる達磨忌

●開祖や宗祖の命日に行なわれる法要

臨済宗で行なわれる重要な行事のひとつに、「臨済禅師忌《りんざいぜんしき》」がある。毎年一月一〇日に行なわれる行事で、この日は中国臨済宗の開祖・臨済義玄の命日である。

唐代の僧であった臨済義玄は『臨済録』に基本的な教えを残しており、これが臨済宗立宗の拠《よ》り所《どころ》となっている。その臨済義玄の徳に感謝し、全国の臨済宗の寺院で法要が執《と》り行なわれる。

また、禅宗の開祖である達磨大師《だるまだいし》の命日とされる一〇月五日には、「達磨忌」という法要が営まれている。

達磨大師は、インドから中国に渡って禅の教えを伝えた人物で、禅宗の初祖とされている。達磨大師がインドに帰るときに片方の草履《ぞうり》を持っていたという故事にならって、各寺院では壇《だん》の中央に描かれた隻履達磨《せきりのだるま》の掛《か》け軸《じく》を掛けて、法要を営んでいる。

達磨大師の掛け軸が掛けられた仏殿では、坐具《ざぐ》と呼ばれる敷物が広げられ、集まった僧、の全員が一斉に拝し、厳粛に法要が営まれる。

とくに円覚寺の達磨忌は、実に七〇〇年も前から続いており、疏《しょ》という達磨大師の威徳を称える回向文《えこうもん》を、山節《やまぶし》という円覚寺に伝わる独自の節回しで読み上げる次第が見所となっている。

さらに、一月一七日には「百丈忌」が催される。百丈忌は、禅宗寺院の生活規則を初めて制定した百丈懐海《ひゃくじょうえかい》の命日に行なわれる法要だ。百丈懐海が定めた規則は「百丈清規《しんぎ》」といい、これを基本としてのちに数々の規則が付け加えられた「勅修《ちょくしゅう》百丈清規」が今日の禅宗の規則となっている。その報恩《ほうおん》として行なわれるのが百丈忌である。

臨済禅師忌や達磨忌、両祖忌、百丈忌は、臨済宗の寺院すべてで同じ日に行なわれる法要だが、それぞれの寺院ごとに開催される「開山忌《かいざんき》」も重要な行事である。

寺院では、創建にあたって財を寄せた人を「開基《かいき》」と呼び、寺院を開いた僧を「開山」と呼んでいる。

つまり、開山忌とは、その寺院を開いた人物の命日に行なわれる法要のことで、開基の命日は「開基忌」という。そのため、各寺院ごとに法要が行なわれる日は違っているが、臨済宗系の寺院にとっては非常に重要な法要となる。

臨済宗のおもな年中行事

日　付	行事名	備　　考
1月1日	祝聖ならびに諸堂諷経	
1月10日	臨済大師忌	臨済宗の開祖・臨済義玄の命日に営まれる報恩感謝の儀。
1月17日	百丈忌	禅宗寺院における生活規範を定めた唐僧百丈懐海に対しての報恩。
1月18日	方丈懺法	
2月1日～7日	報恩涅槃摂心	
2月7日	開山降誕会	
2月15日	涅槃会	妙心寺、國泰寺、大徳寺など。
3月14日～16日	涅槃会（旧暦2月15日）	東福寺では我が国最大の涅槃図が掲げられる。
4月8日	釈尊降誕会（花祭り）等	
4月14日	巡塔諷経	
4月15日	入制上堂	
4月23日・24日	報恩授戒会	
5月16日	仏殿般若	
5月18日	方丈懺法	
6月5日	栄西忌	
6月17日	観音懺法	相国寺の観音懺法。
6月18日	山門懺法	妙心寺の山門で行なわれる観音懺法。
7月14日	巡塔諷経	
7月24・25日	経蔵虫払い	
7月30日	布薩会	建仁寺で現在まで残る栄西が伝えた授戒会。
8月3日	祠堂斎	
8月9日	お精霊迎え	
8月16日	お精霊送り	
10月5日	達磨忌	中国禅宗の初祖達磨の徳に感謝を捧げ、その教えを実践していくことを誓う。
10月10日	曝涼（虫干し）	大徳寺の行事。多数の文化財が公開される。
11月3日・4日	曝涼（虫干し）	妙心寺の行事。多数の文化財が公開される。
12月8日	成道会	
12月11日	開山忌宿忌	
12月14日	冬夜巡塔諷経	
12月31日	巡塔諷経	

参拝の方法

臨済禅の境地を味わうめぐり方

臨済宗の塔頭と庭

臨済宗の寺院には、塔頭が周囲に建ち並ぶという特徴がある。

塔頭は、宗派の祖師や歴代高僧や寺院の興隆に貢献した方々の威徳を偲んで、弟子たちが、大寺や名刹に隣接する場所に建てた墓塔や庵などの小院だ。京都にある臨済宗の諸寺を見るとわかるように、妙心寺には、退蔵院《たいぞういん》や大心院《だいしんいん》、桂春院《けいしゅんいん》などが、大徳寺には黄梅院《こうばいいん》や聖護院《しょうごいん》、総見院《そうけんいん》などがあり、本坊の周囲を囲んでいる。

ではこれらの塔頭と本坊、どちらを先に回るべきなのだろうか。

妙心寺によると、とくに決まりはないが、やはり法堂や仏殿などがある本坊を先に回るほうがよいとのこと。本坊を巡ったのちに公開されている（非公開もある）塔頭を回るほうが、信仰の真髄を理解しやすいのかもしれない。

本坊において本尊の拝み方は、曹洞宗と同じで、一連の数珠《じゅず》の輪を二輪に束ねて左手にかけ右手を添えて合掌《がっしょう》する。お唱えについても曹洞宗と同じく、「南無釈迦牟尼仏《なむしゃかむにぶつ》」である。

臨済宗の数珠の持ち方

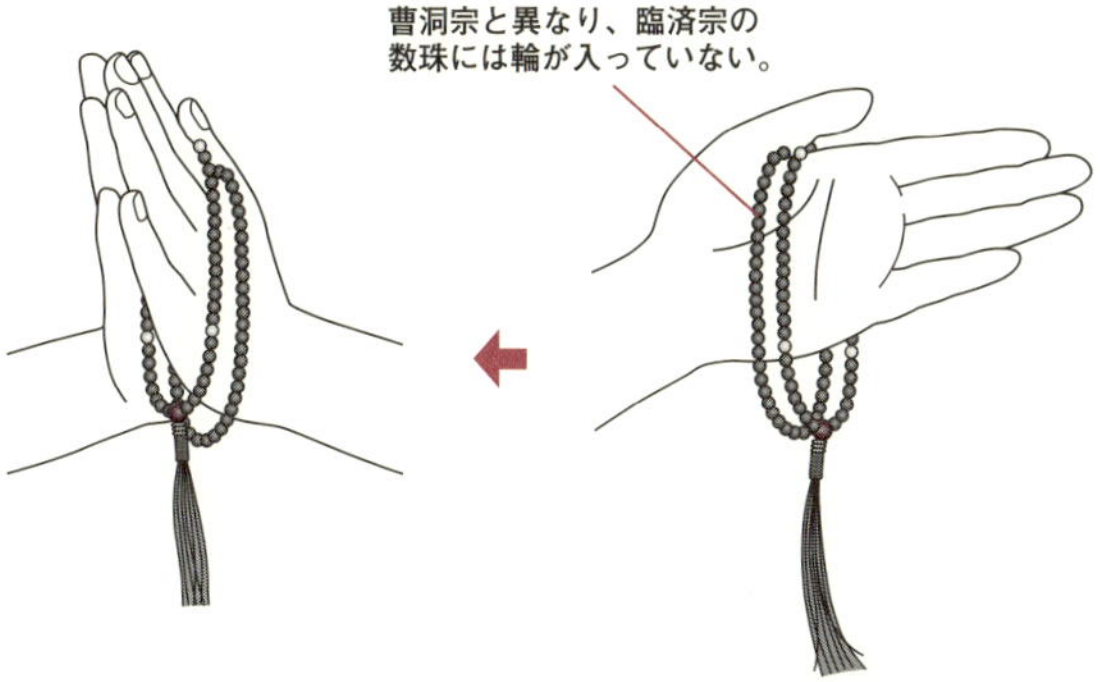
曹洞宗と異なり、臨済宗の
数珠には輪が入っていない。

［手の合わせ方］
数珠をかけた左手に右手を添えるようにして合わせる。

［持ち方］
輪を二重に束ねて左手にかける。

臨済宗の寺の多くには、優れた枯山水《かれさんすい》の庭園を持つものが多く、それぞれの造形のなかに仏意が込められている。

禅院が町のなかにあり、たとえ水とは直接関わらない場所であっても、禅僧たちが自然のなかにあるように修行できる道場とされること。

また、作庭自体を修行の一環と捉《とら》える臨済宗の考え方によるもの。そのため、大自然を抽象化した精神性の高い表現が見られる。毎日の修行の作務《さむ》のなかにあって、庭の砂紋《さもん》を描くのも、禅僧たちの修行となる。

そうした庭園を鑑賞するときは、難しい考えは捨てて、無心にそれぞれの見方で眺めるのがよいという。

臨済宗の文化財

庭園や茶から読み解く禅宗の教え

臨済宗の諸寺には、禅宗特有の山門や雲《うん》龍図《りゅうず》などその精神世界を体現する多くの文化財がある。なかでも注目すべきは、禅宗庭園である。「池泉《ちせん》庭園・枯山水・露地《ろじ》庭園」の三つが組み合わされているのが特徴で、悟りの境地に至る修行の場として造られている。枯山水の庭としては、龍安寺《りょうあんじ》の石庭《せきてい》や大徳寺大仙院《だいせんいん》の書院庭園などが世界的に有名だ。

また戦国時代に大流行した茶の湯も栄西がもたらしたものである。もともとは眠気覚ましのために用いられたが、次第に茶そのものが禅宗の教えを体現するようになっていった。

禅宗様のおもな名庭園

庭園名	所在地	作庭者
南禅寺方丈庭園	京都府京都市左京区	小堀遠州
南禅寺金地院庭園	京都府京都市左京区	小堀遠州
龍安寺方丈庭園（石庭）	京都府京都市右京区	不明
東福寺本坊庭園	京都府京都市東山区	重森三玲
西芳寺庭園	京都府京都市西京区	夢窓疎石
大徳寺大仙院書院庭園	京都府京都市北区	古岳宗亘
妙心寺退蔵院元信の庭	京都府京都市右京区	狩野元信
医光寺庭園	島根県益田市	雪舟
建長寺庭園	神奈川県鎌倉市	不明

第七章

日蓮宗の総本山・大本山

日蓮宗

『法華経』と縁を結ぶことで成仏できると説く

【宗祖】日蓮《にちれん》（一二二二年〜一二八二年）

安房国《あわのくに》（現在の千葉県）東条郷《とうじょうごう》の漁師の家に生まれ、天台宗《てんだいしゅう》の清澄寺《せいちょうじ》で出家《しゅっけ》後、比《ひ》叡山《えいざん》や高野山《こうやさん》などで学んだ。建長《けんちょう》五年（一二五三）、故郷に戻り法華経を説き、念仏宗《ねんぶつしゅう》を激しく攻撃し、時の執権《しっけん》・北条時頼《ほうじょうときより》に『法華経』への帰依を説く『立正安国論《りっしょうあんこくろん》』を提出した。しかし、他宗への激しい攻撃姿勢は反発を招き、四度にわたる法難《ほうなん》と佐渡《さど》への流《る》罪《ざい》を受ける。許されてのち、身延山《みのぶさん》に久遠寺《くおんじ》を開き、著述活動と弟子の育成に努めた。

【教え】三大秘法

日蓮は、飢饉《ききん》や天災の続く末法《まっぽう》の世にあっても、誰でも即身《そくしん》で成仏《じょうぶつ》できる仏性《ぶっしょう》があるとし、衆生《しゅじょう》が『法華経《ほけきょう》』を信じ、行じることができる術として「本門《ほんもん》の本尊《ほんぞん》」「本門の題《だい》目《もく》」「本門の戒壇《かいだん》」の三大秘法を説く。すなわち戒壇で本尊に向かい、「南無妙法蓮華《なむみょうほうれんげ》経《きょう》」の題目を唱《とな》える実践こそ、『法華経』と縁を結び、誰もが成仏する方法とした。

【本尊】大曼荼羅《だいまんだら》／釈迦如来《しゃかにょらい》／【総本山】久遠寺／【根本経典】『法華経』

日蓮宗の系譜

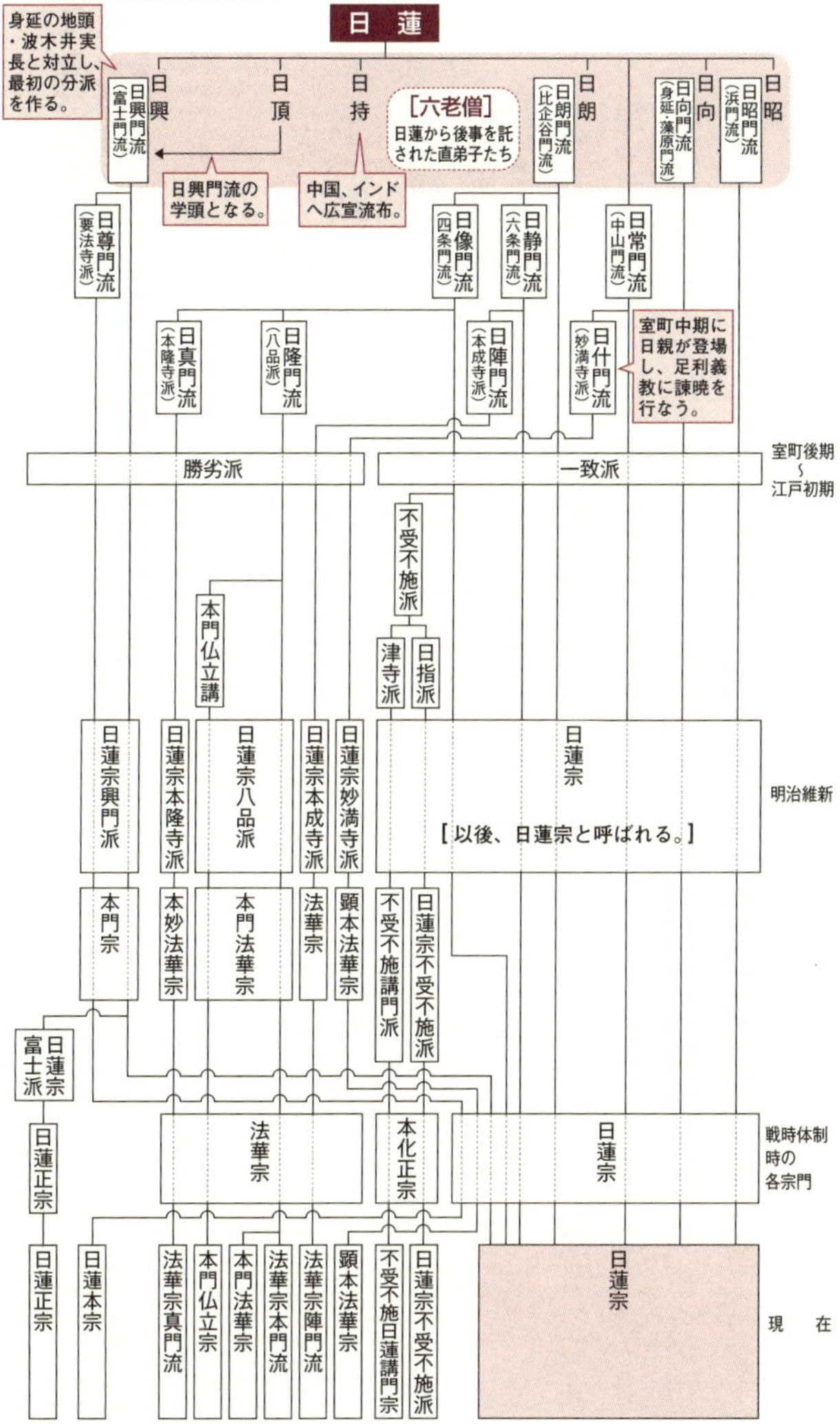

日蓮
身延の地頭・波木井実長と対立し、最初の分派を作る。
日興
日頂
日持
［六老僧］
日蓮から後事を託された直弟子たち
日朗
日向
日昭
日興門流（富士門流）
日朗門流（比企谷門流）
日向門流（身延・藻原門流）
日昭門流（浜門流）
日興門流の学頭となる。
中国、インドへ広宣流布。
日尊門流（要法寺派）
日像門流（四条門流）
日静門流（六条門流）
日常門流（中山門流）
日真門流（本隆寺派）
日隆門流（八品派）
日陣門流（本成寺派）
日什門流（妙満寺派）
室町中期に日親が登場し、足利義教に諫暁を行なう。
勝劣派
一致派
室町後期〜江戸初期
不受不施派
本門仏立講
津寺派
日指派
日蓮宗興門派
日蓮宗本隆寺派
日蓮宗八品派
日蓮宗本成寺派
日蓮宗妙満寺派
日蓮宗
［以後、日蓮宗と呼ばれる。］
明治維新
本門宗
本妙法華宗
本門法華宗
法華宗
顕本法華宗
不受不施講門派
日蓮宗不受不施派
日蓮宗富士派
法華宗
本化正宗
日蓮宗
戦時体制時の各宗門
日蓮正宗
日蓮正宗
日蓮本宗
法華宗真門流
本門仏立宗
本門法華宗
法華宗本門流
法華宗陣門流
顕本法華宗
不受不施日蓮講門宗
日蓮宗不受不施派
日蓮宗
現在

久遠寺

日蓮が身延の山中に開山した日蓮宗の総本山

基本情報
所在地：山梨県南巨摩郡身延町
山号：身延山
開山：日蓮
開基：波木井実長

●日蓮に仕える歴代法主

富士川《ふじかわ》に沿う身延山の緑深い山中に、広大な寺域を有するのが久遠寺である。

佐渡流刑を解かれて鎌倉に戻った日蓮が、この地の領主であった波木井実長《はきいさねなが》に迎え入れられて西谷《にしだに》に草庵《そうあん》を営み、文永《ぶんえい》一一年（一二七四）に久遠寺の開山《かいざん》となった。日蓮はここで九年間の隠棲《いんせい》生活を送り、弟子の育成を行ないつつ、日本に迫った元寇《げんこう》の危機、蒙古《もうこ》軍の退散を祈念した。弘安《こうあん》四年（一二八一）には、小さな草庵に代わって堂々たる仏堂や小坊《しょうぼう》、厩《うまや》なども築かれている。

翌年、日蓮が武蔵国池上《むさしのくにいけがみ》の池上宗仲《いけがみむねなか》邸において没すると、荼毘《だび》に付された遺骨は日蓮の遺言に従って身延山へ移され、弟子たちによって墓堂が建てられた。法主《ほっす》と称される身延山の住職は現在に至るまで、日蓮に仕えてその遺骨を護る役目も負っている。西谷の奥には、日蓮が最初に住んだ御草庵跡が石柵に囲まれて残り、弟子の六老僧が交替で守護した御廟所《ごびょうしょ》などもあって往時を偲《しの》ばせている。

久遠寺の桜

久遠寺を代表する景観のひとつ大枝垂桜と本堂。

だが教団は、日蓮の没後も拡大を続ける一方で、久遠寺の運営を巡って対立するようになった。

日蓮は、弟子のなかから日昭《にっしょう》、日朗《にちろう》、日興《にっこう》、日向《にこう》、日頂《にっちょう》、日持《にちじ》を「六老僧」と定め、輪《りん》番制《ばんせい》で久遠寺を運営するよう遺言していたが、関東から京都へ、さらに日持に至っては中国にまで赴《おもむ》くといったように、広く各地で布教に励む弟子にとって、長く身延山に留まっていることは難しかった。そのため、身延山に近い駿河《するが》を活動の場としている日興と、上総《かずさ》を中心に活動する日向が身延山に長く滞在するようになり、日蓮の三回忌を迎える頃には、すでに輪番制は破綻《はたん》してくるのである。

そして日蓮の七回忌にあたる正応《しょうおう》元年（一

二八八）、久遠寺を開基した波木井実長が日向を住持《じゅうじ》として指名したことで、日興は自ら下山して、富士山麓に大石寺《たいせきじ》を、駿河の重須《おもす》に本門寺《ほんもんじ》を開いてしまう。これが日興門流《もんりゅう》（富士門流）で、日蓮宗で最初の分派となった。

日蓮宗の分派

その後、教団からは次々に門流が生まれた。日興が去ったのちに久遠寺を継いだ日向も日向門流（身延門流・藻原《もばら》門流）を興《おこ》し、日昭は日昭門流（浜《はま》門流）、日朗は日朗門流（比企谷《ひきだに》門流）を興した。六老僧以外でも、日蓮の有力な後援者だった富木常忍《ときじょうにん》が出家して日常《にちじょう》と名乗り日常門流（中山《なかやま》門流）を興すなど、多くの門流が生まれた。

現在の地に伽藍《がらん》が並ぶようになったのは、それまでの西谷では手狭になったことから、文明《ぶんめい》七年（一四七五）、第一一世日朝《にっちょう》によって当地へ移転されて以来で、戦国時代には甲《か》斐《い》の守護武田《たけだ》氏などの庇護《ひご》を受けて門前町が形成された。現在の本堂は日蓮聖人《しょうにん》七〇〇遠忌《おんき》を記念して造営されたもので、日蓮直筆の本尊である大曼荼羅を安置する。この本堂を中心に日蓮の遺骨を奉安する御真骨堂《ごしんこつどう》や仏殿などの伽藍群、さらに奥之院《おくのいん》、七面山《しちめんざん》の敬《けい》慎院《しんいん》などが建ち並び、参拝に訪れる人々が絶えることはない。

久遠寺の境内

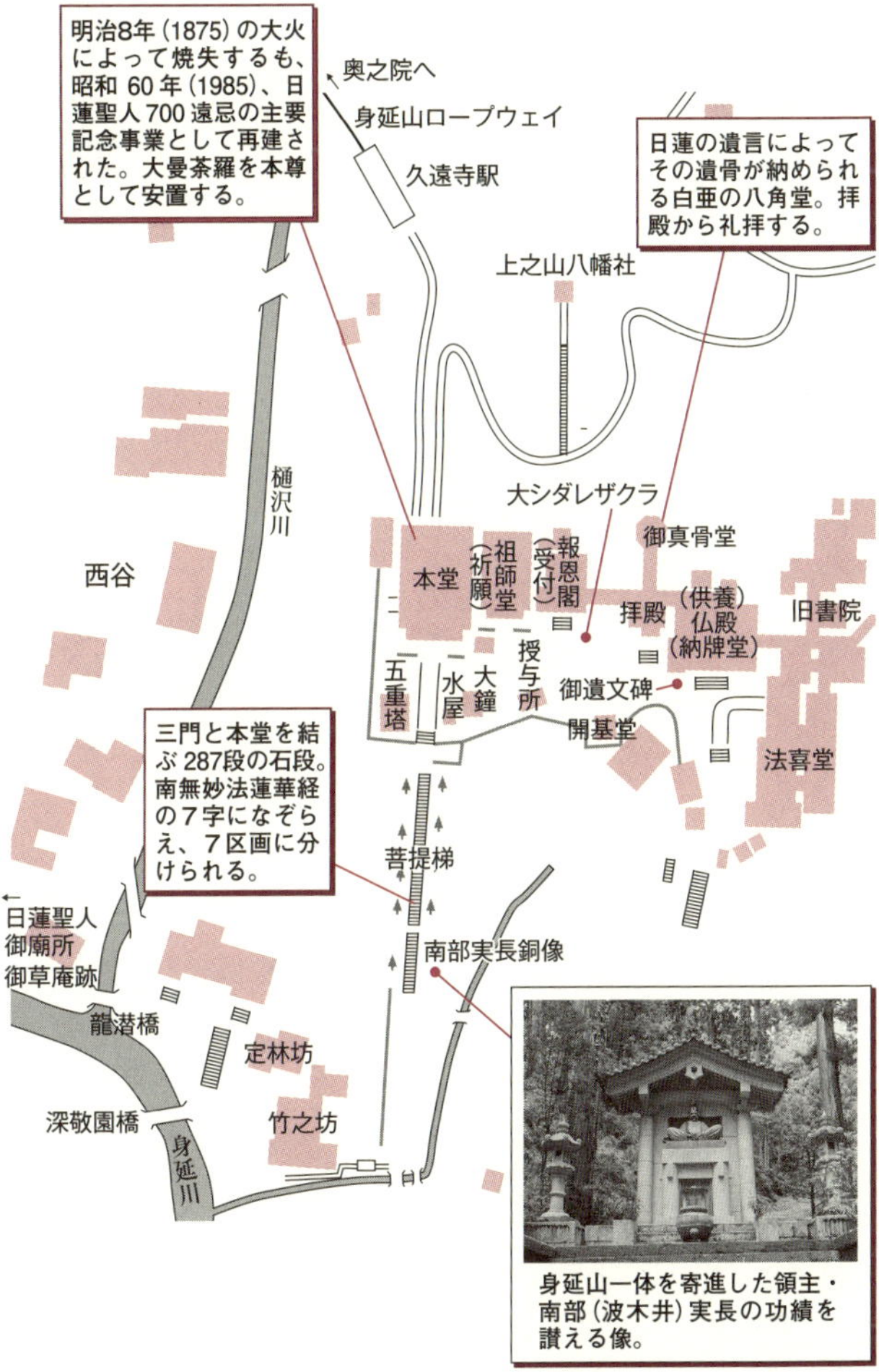
明治8年（1875）の大火によって焼失するも、昭和 60 年（1985）、日蓮聖人 700 遠忌の主要記念事業として再建された。大曼荼羅を本尊として安置する。
奥之院へ
身延山ロープウェイ
久遠寺駅
日蓮の遺言によってその遺骨が納められる白亜の八角堂。拝殿から礼拝する。
上之山八幡社
大シダレザクラ
御真骨堂
樋沢川
西谷
本堂
祖師堂（祈願）
報恩閣（受付）
拝殿
（供養）仏殿（納牌堂）
旧書院
五重塔
水屋
大鐘
授与所
御遺文碑
開基堂
法喜堂
三門と本堂を結ぶ 287段の石段。南無妙法蓮華経の７字になぞらえ、７区画に分けられる。
菩提梯
←日蓮聖人御廟所御草庵跡
南部実長銅像
龍潜橋
定林坊
深敬園橋
竹之坊
身延川
身延山一体を寄進した領主・南部（波木井）実長の功績を讃える像。

久遠寺は、日蓮宗の総本山で身延山の中腹に伽藍が広がる。日蓮は武蔵国池上で没したのち、弟子たちによってこの地に墓堂が建てられた。

池上本門寺

日蓮を荼毘に伏した鶴林の寺

基本情報

所在地：東京都大田区池上
山号：長栄山
開山：日蓮
開基：池上宗仲

長栄山本門寺《ちょうえいざんほんもんじ》は、池上本門寺の通称で知られ、池上の高台一帯に関東屈指の壮大な堂宇《どうう》を連ねる日蓮宗四大本山のひとつである。

建治《けんじ》二年（一二七六）にこの地の地頭職《じとうしょく》で日蓮信者であった武士の池上宗仲が、持仏堂《じぶつどう》を法華堂に改めたことが寺院としての始まりで、その後、日蓮が長栄山本門寺と名付け、開基したと伝わる。弘安《こうあん》五年（一二八二）常陸《ひたち》での湯治に向かう途中、この地で没した日蓮が、ここで荼毘に付されたことで、日蓮宗の重要な霊跡寺院となった。

この寺院は、今でこそ身延山久遠寺、中山法華経寺《なかやまほけきょうじ》に並ぶ日蓮宗の名刹《めいさつ》であるが、周辺は長らく草深い農村であった。

今日見るような発展を遂げたのは、江戸に幕府が置かれて多くの人口が関東に流入し、歴代将軍の外護《げご》を得るようになってからのことである。熱心な法華経信者として知られる武将、加藤清正《かとうきよまさ》が御影堂《みえいどう》や石段を寄進したことをはじめ、広く諸大名や武家の信仰を集め

日蓮 最後の旅

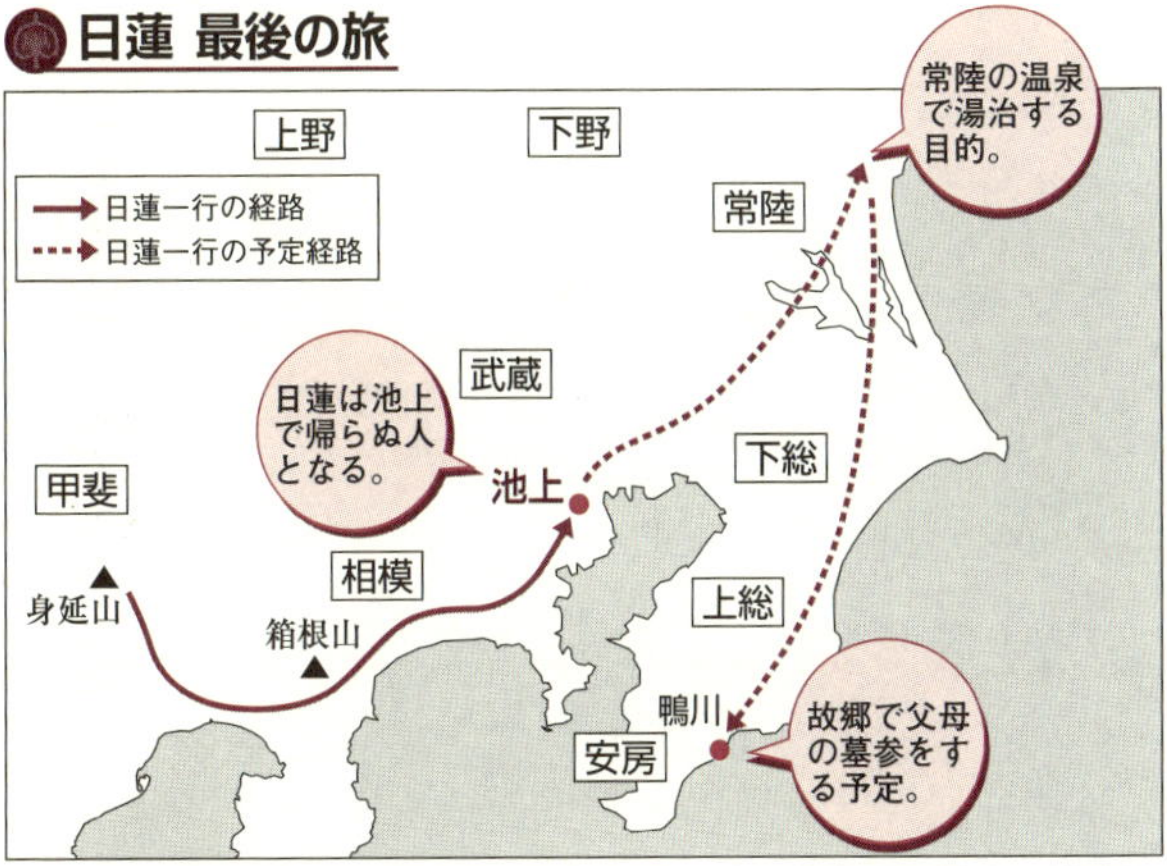

病を得た日蓮は弘安５年（1282）、地頭・波木井実長の勧めで常陸国へ湯治に向かうため身延山を下山し、９月、武蔵国の池上宗仲邸に至った。しかし病篤く池上の地で没した。

た。さらに、地元の農民が収穫物や労力を献じ、江戸の庶民も講《こう》を組んで連れ立っては参《さん》詣《けい》に訪れるなど、寺はおおいに賑《にぎ》わうこととなった。

江戸時代に二度の火災に見舞われ、昭和二〇年（一九四五）には米軍の空襲によって伽藍のほとんどが灰燼《かいじん》に帰《き》した。このとき、猛火のなかをからくも運び出されて祖師堂《そしどう》に祀《まつ》られた日蓮の木座像は、日蓮の七回忌に造立されたもの。日蓮の遺灰が胎内の銅筒《どうづつ》に納められ、写実性にも優れて聖人の相貌《そうぼう》を今に伝えているという。

現在の伽藍は戦後に復興したもので、毎年、日蓮の忌日《きにち》である一〇月一三日にお会式《えしき》が盛大に営まれている。

中山法華経寺

七〇〇年を誇る教団一の祈祷根本道場

大荒行堂

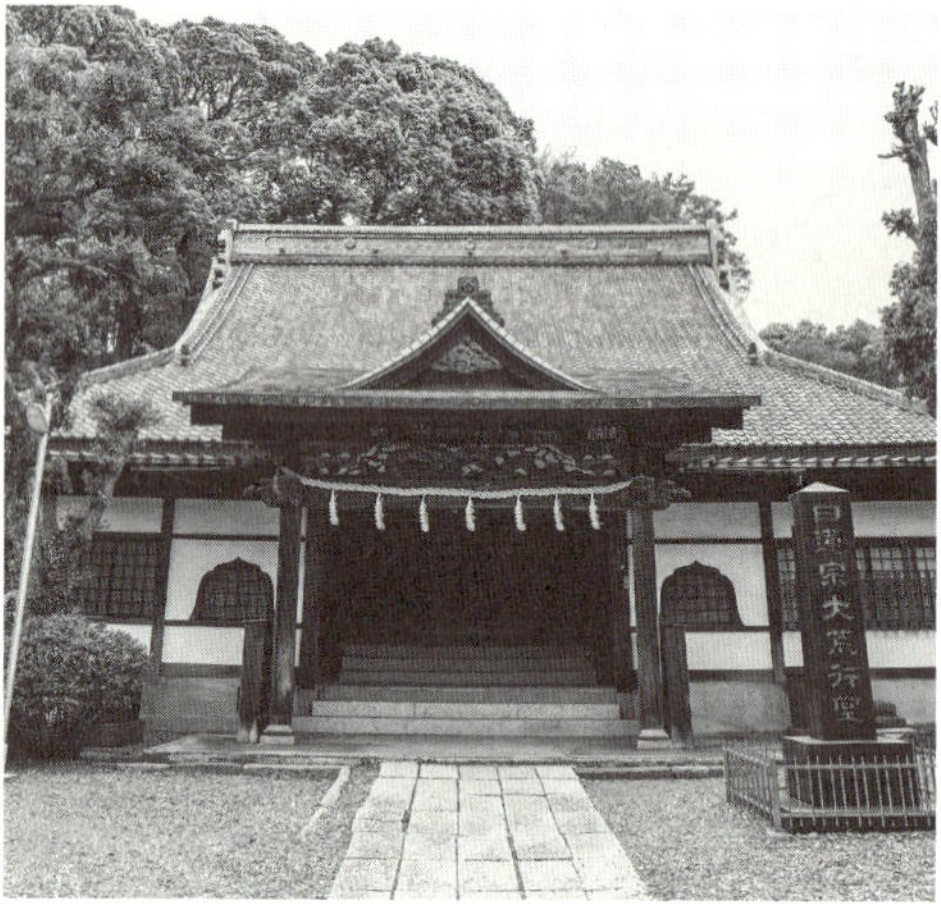

毎年百日間の大荒行の舞台となる大荒行堂。

日蓮宗四大本山のひとつで、日蓮聖人が松《まつ》葉《ば》ケ《が》谷《やつ》法難《ほうなん》を逃れた際に、信者の富木常忍が日蓮を迎えるべく建立した法華堂から始まる。それがのちに正中山本妙寺《しょうちゅうざんほんみょうじ》と合併して法華経寺となった。日蓮は小松原《こまつばら》の法難の際もここに逃れ、「百日説法」を行なっている。

日蓮宗随一の祈祷根本道場《きとうこんぽんどうじょう》であり、大荒《だいあら》行《ぎょう》もこの法華経寺で行なわれる。

『立正安国論』『観心本尊抄《かんじんほんぞんしょう》』や日蓮の真筆遺《しんぴつい》文《ぶん》など、宗門《しゅうもん》の宝物が数多くここの聖教殿《せいきょうでん》に納められ、鬼子母神《きしもじん》信仰でも知られている。

基本情報

所在地：千葉県市川市中山
山　号：正中山
開　基：常修院日常

清澄寺

日蓮がはじめてお題目を唱えた立教開宗の寺

基本情報

所在地：千葉県鴨川市清澄
山　号：千光山
開　山：伝・不思議法師

日蓮聖人像

日蓮の生誕地、千葉県の鴨川市にある清澄寺。日蓮聖人の銅像が建つ。

　千葉県鴨川市清澄《きよすみ》の清澄寺《せいちょうじ》は、宝亀《ほうき》二年（七七二）に不思議法師《ふしぎほうし》という人物が開創したとされるから、じつに一二〇〇年以上の歴史を誇る。房総《ぼうそう》を代表する山岳霊場でもあり、日蓮がはじめて「南無妙法蓮華経」の題目《だいもく》を唱えた立教開宗の寺である。

　もともとは天台宗《てんだいしゅう》の寺院であったが、江戸時代初期に真言宗《しんごんしゅう》に改められた。しかし、日蓮宗の僧侶や信徒が多数参詣することから昭和二四年（一九四九）の二月一六日、日蓮生誕の日に日蓮宗の寺院となった。

修行としきたり

日像によって生み出された過酷な百日行

命がけで行われる大荒行

身延山久遠寺では、日蓮宗の僧侶を志す学生たちが生活している。身延山高校・大学に入学を許可された者が、入学から卒業までの期間の最長七年間、久遠寺に寄宿して在院生としての団体生活を送りながら修学につとめ、僧侶として必要な法儀《ほうぎ》を学ぶのである。また久遠寺には僧道実修生制度もあり、僧侶としての基礎を築くための一年間、毎朝の朝《ちょう》勤《ごん》への出仕《しゅっし》に始まり、御廟所《ごびょうしょ》での夜勤に終わる生活を送っている。

日蓮宗の諸寺では、水行《すいぎょう》などの苦行《くぎょう》を行なう寺も多いが、なかでも最も過酷な修行として知られ、「大荒行」とも呼ばれるのが、中山法華経寺で行なわれる百日行《ひゃくにちぎょう》である。

大荒行の原点は、日蓮の直弟子《じきでし》のひとりである日像《にちぞう》が、いかなる法難や辛苦《しんく》にも堪《た》えうる心身を養うため、寒夜の百日、鎌倉の海に入って寒風に身をさらし、経を読んだことにあるという。現代の百日行は、毎年一一月一日から二月一〇日までの百日間、法華経寺の境内《けいだい》に設けられた加行所《かぎょうしょ》で行なわれる。これは、日蓮宗の僧侶すべてに課せられるもの

日蓮の修行に対する考え方

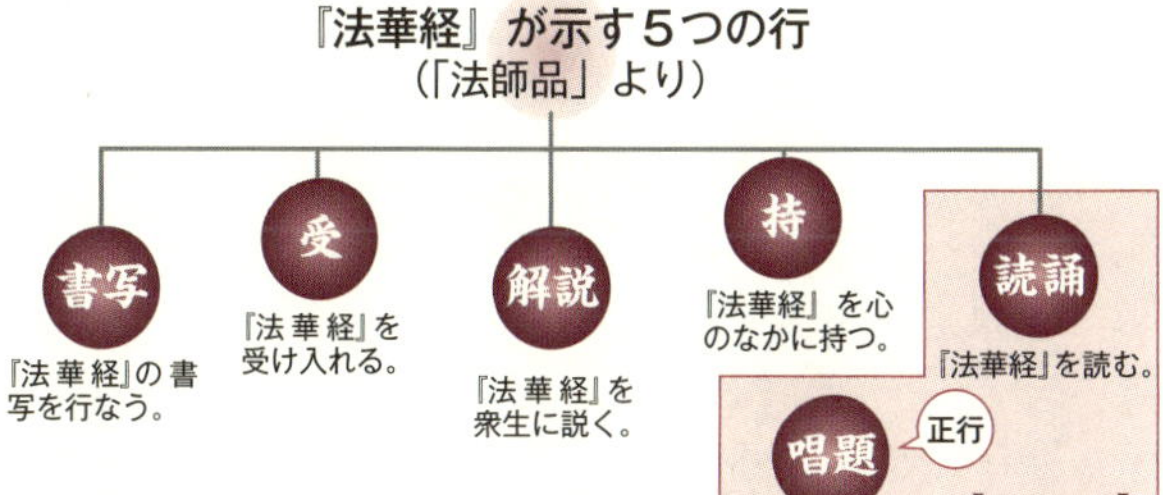

日蓮は『法華経』「法師品」に示される５つの実践行のうち、読誦と、「南無妙法蓮華経」の題目を日々唱える「唱題」を重視した。

100日間の大荒行

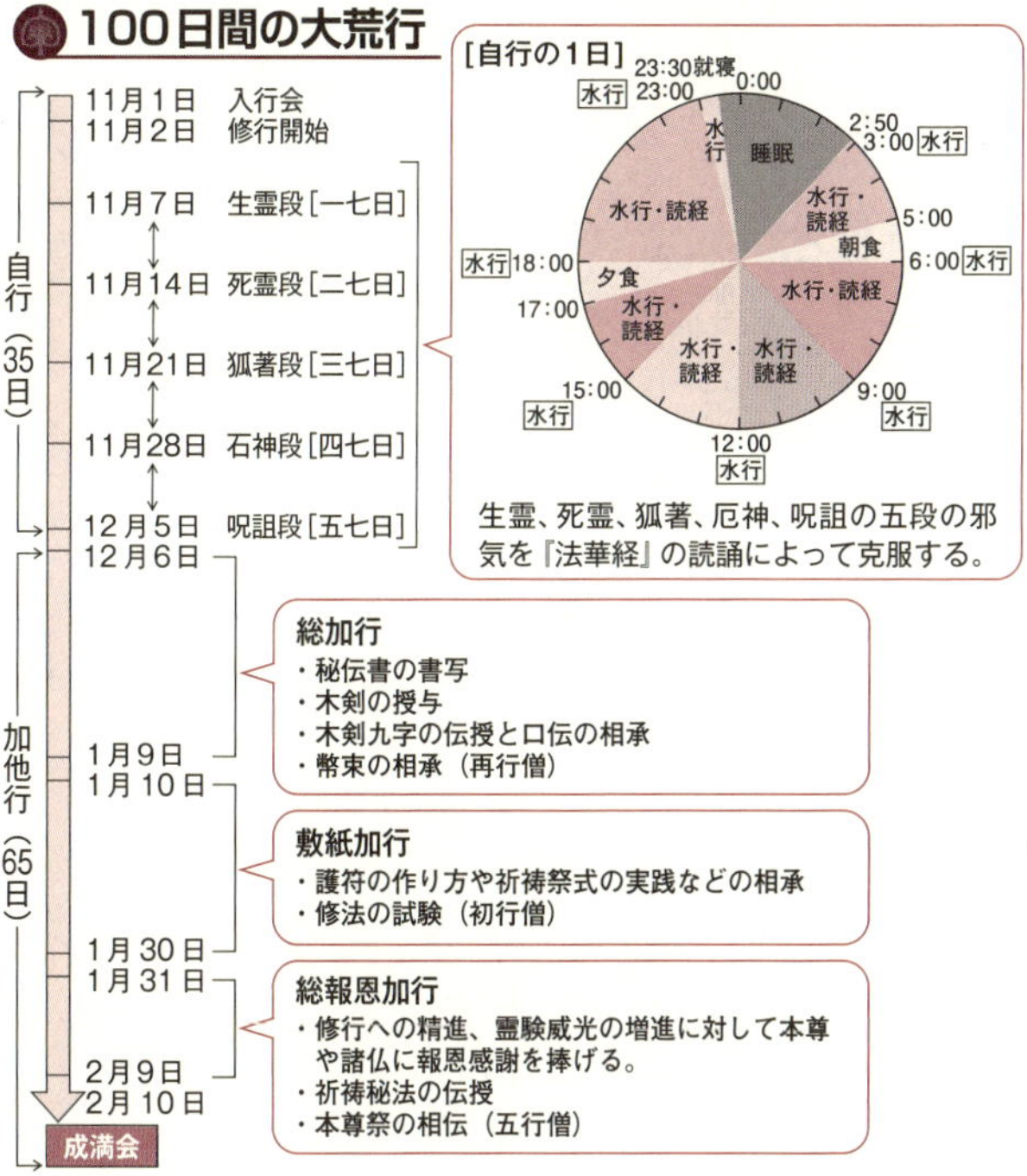

ではないが、修法師《しゅうほうし》としての正式な加持祈祷《かじきとう》の極意と資格を伝授されるためには、この修行をおさめなくてはならない。また、日蓮宗の僧侶だからといって誰もがこの行に入ることができるわけではなく、僧侶としての経験や得度《とくど》後の年数などの規定があり、それを満たしたうえでさらに所在地の修法師会長らの承認と資格審査を経なくてはならない。

しかも、いかなる事情が発生しても退堂は申し出ないという誓約書に署名する。また、堂内で見聞きしたことは他所に漏らさない、「無漏相承《むろうそうじょう》」の掟《おきて》を持つという厳しさなのだ。

修行者は瑞門《ずいもん》によって外部から遮断《しゃだん》されると、厳寒期に冷たい水を何度も浴びる一日七度の水行と厳粛な儀礼、そして『法華経』をひたすら読み、書き写すことに明け暮れる毎日を送る。日蓮宗ではとくに『法華経』の読誦《どくじゅ》を重視するためだ。

身にまとうのは白い粗末な薄衣で、食事は朝夕二回の粥《かゆ》と味噌汁のみ。睡眠も最低限で、夜間も交代で雑役《ぞうえき》を勤めるため細切れにしか眠ることができない。また、憤怒《ふんぬ》の形相《ぎょうそう》の鬼子母神像を本尊として木剣加持《ぼっけんかじ》の法も修練する。

この過酷な百日を終えると、加行僧たちは加行成満《じょうまん》を感謝する法会《ほうえ》を行なったのち、瑞門から俗界《ぞっかい》へと戻る。こうして心技体《しんぎたい》備わった修法師となるのだが、行はその回数に応じて、初行、再行、参行、四行、五行と呼ばれ、五度で満願《まんがん》となる。

日蓮宗の一年

日蓮が経験した四度の法難を偲ぶ宗祖法難会

●日蓮を襲った四大法難とは

日蓮宗では、釈尊涅槃会《しゃくそんねはんえ》、彼岸会《ひがんえ》、釈尊降誕会《ごうたんえ》、盂蘭盆会《うらぼんえ》などの基本的な仏教行事のほかに、年中行事として『四大法難会《ほうなんえ》』が営まれる。日蓮宗で法難とは、他派から受けた迫害や弾圧のことを意味し、日蓮はその生涯で生命の危機となる大きな法難に四度遭遇している。そうした日蓮の苦難を偲び、その恩徳《おんとく》に感謝する法要が法難会である。

四大法難のなかで、最初に起きたのが「松葉ヶ谷《まつばがやつ》の法難」である。文応《ぶんおう》元年（一二六〇）八月二七日、鎌倉幕府の有力者・北条重時《ほうじょうしげとき》を後ろ盾とした念仏宗信者たちが、日蓮が住まいとしていた鎌倉の松葉ヶ谷の草庵を取り囲んで襲撃した。だが日蓮はかろうじて庵を脱出し、裏山から下総《しもうさ》に落ち延びると富木常忍のもとで布教を続けた。

二番目に起きたのが、翌年の「伊豆《いず》の法難」である。下総から鎌倉に戻った日蓮は、辻《つじ》説法《せっぽう》を再開した。松葉ヶ谷を襲撃して庵に火を放った者たちは、日蓮が焼死したものと思っていたため驚き慌てて、執権《しっけん》・北条長時《ながとき》を動かして五月一二日に日蓮を捕縛させた。日蓮はそのまま伊豆へ流罪となったが、伊豆でも布教活動を行なって信者を増やしている。

三番目が、「小松原《こまつばら》の法難」である。文永《ぶんえい》元年（一二六四）、故郷の安房を訪れた日蓮が、一一月一一日に弟子たちと小湊《こみなと》に向かったところ、松原大路で物陰から飛び出してきた大勢の暴漢に襲われたのである。日蓮一行は防戦したものの、弟子のひとりがその場で斬られ、急を聞いて駆けつけてきた日蓮信者の武士も命を落とした。日蓮自身も、左の腕を折り、額《ひたい》を斬られるという重傷を負っている。

そして最後の法難が、文永八年（一二七一）九月一二日の「龍《たつ》の口《くち》の法難」である。幕府の役人に逮捕された日蓮は、その日のうちに佐渡への流罪を言い渡された。しかし流罪は表向きのものだったらしく、日蓮が護送されたのは処刑場である龍の口だった。だが、役人が日蓮の首をはねようとしたまさにその瞬間、江ノ島《えのしま》の方角から不思議な光が走って刑場は大混乱に陥り、処刑どころではなくなったという。

結局処刑は中止され、日蓮は佐渡に送られることとなった。

日蓮は、法難に遭《あ》ってひるむどころか、その度に自身の法華経信仰へ確信を深めた。日蓮宗では、毎年五月一二日に「伊豆法難会」が、八月二七日に「松葉ヶ谷法難会」が、九月一二日に「龍の口法難会」が、一一月一一日に「小松原法難会」が行なわれる。

日蓮宗のおもな年中行事

日付	行事
1月1～3日	新年祝祷会
2月3日	節分会
2月15日	釈尊涅槃会
2月16日	宗祖御降誕会
3月彼岸中日	春季彼岸施餓鬼会
4月6～8日	釈尊御降誕会
4月28日	立教開宗会
5月3～5日	千部会
5月12日	伊豆法難会
6月1日	宗祖御更衣式
6月15～17日	開闢会
7月16日	盂蘭盆施餓鬼会
8月18日	戦没者英霊 施餓鬼法要
8月27日	松葉ヶ谷法難会
9月12日	龍の口法難会
9月18～19日	七面山大祭
9月彼岸中日	秋季彼岸施餓鬼会
10月1日	宗祖御更衣式
10月11～13日	宗祖御会式
10月25日	円師会
11月11日	小松原法難会
11月1日～15日	七五三祝祷会
11月24日	天台大師会
12月8日	釈尊成道会
12月31日	除夜の鐘

龍口寺

弘長元年（1261）、伊豆へ流罪となった日蓮が、到着前に伊東沖の「俎岩《まないたいわ》」という岩礁に置き去りにされた事件。

文応元年（1260）、北条時頼へ『立正安国論』を提出し念仏宗を強く批判した後、念仏宗信者らによって草庵を襲撃・焼き討ちされた事件。

文永8年（1271）、平頼綱により捕縛された日蓮が龍の口刑場にて斬首されそうになったが、執行が中止された事件。

文永元年（1264）、日蓮一行が小松原（現・千葉県鴨川市）で、東条景信らに襲撃された事件。弟子の鏡忍房日暁と信者の工藤吉隆が殺害され、日蓮自身も額に傷を負ったという。

■ 法難会

参拝の方法

日蓮が信仰生活を送った聖所のめぐり方

●心して参拝し、重んじたい境内の聖所

二八七段の石段「菩提梯《ぼだいてい》」を登った先に広がる久遠寺の境内には、本堂と祖師堂《そしどう》のほか、五重塔や仏殿、御真骨堂などが建ち並ぶ。（駐車場から斜行エレベーターでも登れる。）

こうした伽藍の中心となるのが、間口《まぐち》三二メートル、奥行五一メートルと、ひときわ巨大な本堂と、日蓮聖人の神霊を祀る「棲神閣《せいしんかく》祖師堂」である。久遠寺によれば、寺院一般のしきたりから参拝の際にはまず何よりも、本堂を参拝していただきたいとのこと。その次にぜひ拝観すべき聖所が祖師堂である。久遠寺の境内は、参拝者を囲むようにして堂宇が建ち並ぶ構造となっているため、すべてのお堂が見渡せ、すべての堂宇を回りやすい。

一ヶ所だけ日蓮ゆかりの聖地が、久遠寺の境内から少し離れた場所にある。それが御廟所である。寺によるとここにも遺骨が安置されているという。ありし日の姿を偲ぶなら御廟所近くの御草庵跡も見逃せない。日蓮の遺骨を祀る場所がふたつもある理由は、次のように言われている。

日蓮宗の数珠の持ち方

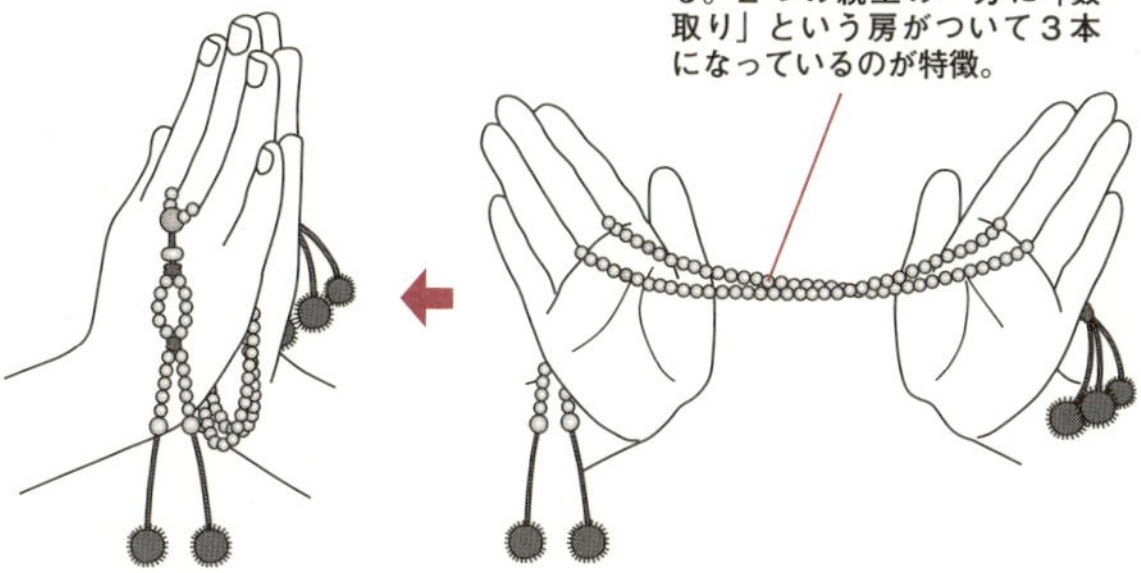
親玉２個、四天王玉４個、主玉108個の合計114個の玉から成る。２つの親玉の一方に「数取り」という房がついて３本になっているのが特徴。

［手の合わせ方］
そのまま数珠を包み込むように手を合わせ、合掌する。

［持ち方］
数珠を８の字にねじり、右手側に２本の房、左手側に３本の房が来るように中指にかける。

身延山に入った日蓮は、祖廟のある場所近くに草庵を結んで信仰の生活を送っていた。そして、死期を悟るにあたり祖廟のある場所に葬るよう遺言。これに従い同地に廟が建てられたわけであるが、その場所は山を背後にした立地から、後年土砂崩れが起こった。その管理上の問題からやむなく遺骨が祖師堂の隣りへと移されたのである。

同所は久遠寺のなかでも心の拠り所となる聖所の一つである。ぜひとも参拝に訪れて欲しい場所である。そうしたお堂の前に立ったとき、数珠《じゅず》は両手の中指の第一関節にひねりながらかける。房は右手側に二本、左手側に三本くるようにする。お唱えは日蓮宗の題目「南《な》無《む》妙《みょう》法《ほう》蓮《れん》華《げ》経《きょう》」である。

日蓮宗の文化財

『法華経』の真理を現わす大曼荼羅

『法華経』を重んじ、『法華経』への帰依《きえ》を尊ぶ日蓮宗では、『法華経』の真理を文字で表わした、大曼荼羅を本尊としている。

大曼荼羅は、中央に、ヒゲ題目と呼ばれる独特の筆法で仏のすべての功徳《くどく》が内包される「南無妙法蓮華経」の題目が大書され、その周りに『法華経』に出てくる諸仏や『法華経』を守護する諸仏の名前が記されている。

身延山久遠寺では、四幅の日蓮聖人真筆の大曼荼羅が本尊である。弘安三年（一二八〇）に揮毫《きごう》されたもので、江戸初期の本阿弥光瑳《ほんあみこうさ》による表装が施されている。

日蓮宗のおもな文化財

	文化財名	所蔵
国宝	絹本著色夏景山水図	久遠寺
	観心本尊抄　日蓮筆	法華経寺
	立正安国論　日蓮筆	法華経寺
重要文化財	絹本著色釈迦八相図	久遠寺
	宋版礼記正義 2冊	久遠寺
	本朝文粋（巻第一欠）13巻	久遠寺
	五重塔	法華経寺
	祖師堂	法華経寺
	四足門	法華経寺
	絹本著色十六羅漢像	法華経寺
	日蓮筆遺文	法華経寺

付章

その他の総本山・大本山

東大寺（華厳宗）

全国の国分寺を束ねた総国分寺

基本情報

所在地：奈良県奈良市雑司町
山号：なし
開山：良弁
開基：聖武天皇

東大寺の金堂

金堂（大仏殿）内の本尊盧舎那仏と、脇侍のひとつ虚空蔵菩薩像。大仏殿も世界最大級の木造建築である。

東大寺《とうだいじ》は、華厳宗《けごんしゅう》の総本山で、聖武《しょうむ》天皇と光明《こうみょう》皇后の皇子の慰霊のために建立された金鐘山寺《こんしょうざんじ》を前身とする。天平《てんぴょう》一三年（七四一）に大和金光寺《やまとこんこうじ》と改称して総国分寺《そうこくぶんじ》となり、天平一九年（七四七）頃から、東大寺の寺号が用いられるようになった。

参拝の中心は、「奈良の大仏」として知られる本尊《ほんぞん》の盧舎那仏《るしゃなぶつ》坐像。像高約一四・七メートルで、金銅仏像としては世界最大級を誇る。ほかにも二月堂《にがつどう》や法華堂《ほっけどう》、南大門《なんだいもん》、多くの仏像など国宝・重文の宝庫となっている。

唐招提寺（律宗）

鑑真によって日本で最初に授戒を行なった寺院

基本情報
所在地：奈良県奈良市五条町
山号：なし
開基：鑑真

唐招提寺の金堂

金堂は、奈良時代の金堂として唯一現存する建築である。

唐招提寺《とうしょうだいじ》は南都六宗《なんとろくしゅう》のひとつ律宗《りっしゅう》の総本山。天平宝字《てんぴょうほうじ》三年（七五九）、朝廷が招いた中国・唐《とう》代の僧・鑑真《がんじん》が来日して新田部親王《にいたべしんのう》の旧宅を拝領して創建された。鑑真は、当時日本に戒律《かいりつ》を授ける資格を持つ僧がいなかったため、朝廷により招聘《しょうへい》された高僧で、来日に際しては一二年の年月を費やし、視力を失いながらも強い志《こころざし》で来日を果たした。

金堂は、創建当時のもので、堂内には本尊の盧舎那仏坐像とともに、薬師如来《やくしにょらい》立像、千《せん》手観音《じゅかんのん》立像（ともに国宝）が安置されている。

興福寺（法相宗）

藤原氏の庇護のもと創建された寺

基本情報

所在地：奈良県奈良市登大路町
山号：なし
開基：藤原不比等

興福寺東金堂と五重塔

ともに室町時代の再建。東金堂は消失のたびに同規模で再建された。

法相宗《ほっそうしゅう》の大本山興福寺《こうふくじ》は天智《てんじ》天皇八年（六六九）、京都市山科《やましな》に創建された山階寺《やましなでら》を前身とする。その後、飛鳥《あすか》へ移転して厩坂寺《うまやさかでら》と改称し、さらに和銅《わどう》三年（七一〇）、藤原不《ふじわらのふ》比等《ひと》によって平城京《へいじょうきょう》遷都《せんと》とともに現在地に移った。以後、藤原氏の氏寺《うじでら》として栄え、最盛期には一五〇もの堂塔《どうとう》を有し、強訴《ごうそ》を行なうなど政治的影響力を持っていた。

治承《じしょう》四年（一一八〇）、平氏《へいし》による焼き討ちに遭《あ》い、伽藍《がらん》の大半が焼失。その後も度々兵火に巻き込まれ、多くの堂宇を失った。

大念佛寺（融通念仏宗）

極楽の世界が再現される万部おねり

基本情報

所在地：大阪府大阪市平野区平野上町
山　号：諸仏護念院
大源山
開　基：良忍

大念佛寺の万部おねり

毎年5月1日から5日に開催される「万部《まんぶ》おねり」（二十五菩薩来迎会）では、極楽の世界が再現される。

大治《だいじ》二年（一一二七）、融通念仏宗《ゆうずうねんぶつしゅう》の開祖・良忍《りょうにん》により開かれた大阪の大念佛寺《だいねんぶつじ》は、同宗の総本山である。良忍が四天王寺《してんのうじ》で聖徳太《しょうとくたい》子《し》から夢のお告げを受け、坂上広野《さかのうえのひろの》の邸宅内に建てられた融通念仏の道場が前身と伝わる。

ただし良忍以降の大念佛寺上人《しょうにん》（宗の指導者）は、六つの有力寺院（六別寺《ろくべつじ》）の住職のなかから選ばれ、その上人がいる寺が「大念佛寺」とされたため、上人の代替わりによって移動を繰り返す寺であった。現在の本山は江戸期に定まったもの。

清浄光寺（時宗）

北条氏の庇護を受けた遊行上人の寺

清浄光寺の本堂

寛永８年（1631）に幕府から時宗総本山と認められた。

時宗《じしゅう》の総本山・清浄光寺《しょうじょうこうじ》。正月に行なわれる箱根駅伝の難所「遊行寺《ゆぎょうじ》の坂」の遊行寺として有名。これは、清浄光寺の住職が代々遊行上人と呼ばれていたことから、遊行寺と通称されていることにちなむ。

　正式名称は藤沢山《とうたくさん》無量光院《むりょうこういん》清浄光寺といい、正中《しょうちゅう》二年（一三二五）、他阿呑海《たあどんかい》（遊行上人四世）により創建された。寛永《かんえい》八年（一六三一）、江戸幕府より時宗二七四寺の総本山と認められ、生類憐《しょうるいあわれ》みの令《れい》により江戸の金魚の保護所になったことでも知られる。

基本情報

所在地：神奈川県藤沢市西富
山号：藤沢山
開山：他阿呑海
開基：俣野五郎景平

萬福寺（黄檗宗）

中国式が取り入れられた最も新しい宗の寺院

基本情報
所在地：京都府宇治市五ケ庄三番割
山号：黄檗山
開基：隠元隆琦

萬福寺天王殿の布袋像

布袋は弥勒如来の化身とされる。

日本の主要十三宗のなかで最も新しい宗が、承応《じょうおう》三年（一六五四）に来日した、明の僧・隠元隆琦《いんげんりゅうき》によって開かれた黄檗宗《おうばくしゅう》である。その大本山である萬福寺《まんぷくじ》は、寛文《かんぶん》元年（一六六一）に創建された。

この寺の特徴は、隠元以降中国人僧が住持を勧めたため、あらゆる点に明代《みんだい》様式を取り入れたことにある。一直線に配された山門《さんもん》、本堂《ほんどう》、総門の屋根に置かれたワニ（摩訶羅《まから》）や、木魚《もくぎょ》の原型の魚の板（開梆《かいばん》）、天王殿《てんのうでん》に安置される布袋《ほてい》像などに中国文化の色彩が残る。

その他の総本山・大本山

	山号	寺名	場所	寺格
天台宗	関山	中尊寺	岩手県西磐井郡平泉町	大本山
	日光山	輪王寺	栃木県日光市	大本山
	東叡山	寛永寺	東京都台東区	大本山
	定額山	善光寺大勧進	長野県長野市	大本山
真言宗	屏風浦五岳山	善通寺	香川県善通寺市	善通寺派総本山
	牛皮山	随心院	京都市山科区	善通寺派大本山
	醍醐山	醍醐寺	京都市伏見区	醍醐派総本山
	大内山	仁和寺	京都市右京区	御室派総本山
	嵯峨山	大覚寺	京都市右京区	大覚寺派大本山
	東山、泉山	泉涌寺	京都市東山区	泉涌寺派総本山
	亀甲山	勧修寺	京都市山科区	山階派大本山
	信貴山	朝護孫子寺	奈良県生駒郡平群町	信貴山真言宗総本山
	紫雲山	中山寺	兵庫県宝塚市	中山寺派大本山
	蓬莱山	清澄寺	兵庫県宝塚市	真言三宝宗大本山
	上野山	須磨寺	兵庫県神戸市	須磨寺派大本山
	五百佛山	智積院	京都市東山区	智山派総本山
	豊山	長谷寺	奈良県桜井市	真言宗豊山派総本山
	一乗山	根来寺	和歌山県岩出市	新義真言宗総本山
	勝宝山	西大寺	奈良県奈良市	真言律宗総本山
	生駒山	宝山寺	奈良県生駒市	真言律宗大本山
浄土宗	長徳山	百萬遍知恩寺	京都市左京区	大本山
	なし	清浄華院	京都府京都市上京区	大本山
	井上山	善導寺	福岡県久留米市	大本山
	天照山	光明寺	神奈川県鎌倉市	大本山
	定額山	善光寺大本願	長野県長野市	大本山
浄土真宗	渋谷山	佛光寺	京都市下京区	真宗佛光寺派本山
	円頓山	興正寺	京都市下京区	真宗興正派本山
	遍照山	錦織寺	滋賀県野洲市	真宗木辺派本山
	出雲路山	毫摂寺	福井県越前市	真宗出雲路派本山
	上野山	誠照寺	福井県鯖江市	真宗誠照寺派本山
	中野山	専照寺	福井県福井市	真宗三門徒派本山
	山元山	證誠寺	福井県鯖江市	真宗山元派本山
日蓮宗	小湊山	誕生寺	千葉県鴨川市	大本山
	富士山	北山本門寺	静岡県富士宮市	大本山
	具足山	妙顕寺	京都市上京区	大本山
	大光山	本圀寺	京都市山科区	大本山

【参考文献】左記文献等を参考にさせて頂きました。

『別冊太陽　栄西と臨済禅』禅文化研究所監修、『別冊太陽　名僧でたどる日本の仏教』末木文美士監修、『別冊太陽　高野山―弘法大師空海の聖山』井筒信隆監修（以上、平凡社）／『よくわかる仏教』廣澤隆之監修、『禅　迷える心に喝！』正木晃監修（以上、PHP研究所）／『うちのお寺は浄土宗』『うちのお寺は浄土真宗』『うちのお寺は天台宗』以上、藤井正雄（以上、双葉社）／『空海と真言宗　知れば知るほど』宮坂宥洪監修、『親鸞と浄土真宗　知れば知るほど』山崎龍明監修（以上、実業之日本社）／『新版　古寺巡礼京都20　西本願寺』大谷光真、五木寛之、『新版　古寺巡礼京都40　東本願寺』大谷暢顯、井沢元彦、『新版　古寺巡礼京都12　延暦寺』半田孝淳、瀬戸内寂聴、『新版　古寺巡礼京都23　建仁寺』小堀泰巌、竹西寛子、『新版　古寺巡礼京都31　妙心寺』東海大光、長田弘（以上、淡交社）／『日本の10大新宗教』『浄土真宗はなぜ日本でいちばん多いのか』以上、島田裕巳、『知識ゼロからの京都の古寺入門』佐々木昇（以上、幻冬舎）／『知っておきたい曹洞宗　宗派の教えと仏事のいっさいがわかる』角田泰隆監修、『面白いほどよくわかる浄土真宗　宗祖・親鸞聖人の教え、真宗各派の歴史と仏事作法がよくわかる』菊村紀彦監修、田中治郎著（以上、日本文芸社）／『日本仏教宗派事典　コンパクト版』斎藤昭俊、成瀬良徳編著『比叡山延暦寺はじめての仏道修行』横山照泰（以上、新人物往来社）／『島田裕巳の日本仏教史裏のウラ』島田裕巳、『新アジア仏教史12日本Ⅱ―躍動する中世仏教』末木文美士、松尾剛次 佐藤弘夫 林淳、大久保良峻（以上、佼成出版社）／『古寺名刹みどころ事典』みわ明編、『古寺名刹辞典』金岡秀友（以上、東京堂出版）／『日本の仏教を知る事典』奈良康明編著（以上、東京書籍）／『すぐわかる日本の仏教　歴史・人物・仏教体験』大角修、『浄土の美術　極楽往生への願いが生んだ救いの美』内田啓一 監修（以上、東京美術）／『日本の仏教の事典―悟りと救いを導く法流の全系譜』、（以上、学研プラス）／『空海の本―密教最大の聖者の実像と伝説を探る』（学研）／『日本の仏教の事典　悟りと救いを導く法流の全系譜』（学習研究社）／『鎌倉の古寺　四季の花と仏像を訪ねて』（日本交通公社出版事業局）／『京都の禅寺散歩』竹貫元勝（雄山閣出版）／『図説　密教の世界』正木晃（河出書房新社）／『京都古寺を巡る』（JTBパブリッシング）／『古寺社巡りの愉しみ　歴史と建物の鑑賞ハンドブック』瓜生中（ベストセラーズ）／『根来寺を解く　密教文化伝承の実像』中川委紀子（朝日新聞出版）／『日本仏教史―思想史としてのアプローチ』末木文美士（新潮社）／『浄土真宗辞典』浄土真宗本願寺派総合研究所教学伝道研究室編纂（本願寺出版社）／『禅寺モノ語り』玄侑宗久編（春秋社）／『總持寺の歴史』竹内道雄（總持寺出版部）／『道元』松原泰道（アートデイズ）／『日蓮を読み解く80章　北斎、国芳、賢治を魅了した日蓮と法華経』浜島典彦監修（ダイヤモンド社）／『仏教用語の基礎知識』山折哲雄編著（角川書店）／『臨済宗　保存版』宮田正勝監修、後藤典生編集代表（四季社）／『臨済宗の常識』井上暉堂（朱鷺書房）

【参考サイト】

円覚寺／延暦寺／久遠寺／興福寺／高野山／真宗高田派本山　専修寺／真宗教団連合／相国寺／總持寺／知恩院／妙心寺／方広寺／臨済宗／佛通寺／國泰寺／曹洞禅ネット／京都国立博物館／東京国立博物館／京都新聞

青春新書 INTELLIGENCE

こころ涌き立つ「知」の冒険

いまを生きる

〝青春新書〟は昭和三一年に——若い日に常にあなたの心の友として、その糧となり実になる多様な知恵が、生きる指標として勇気と力になり、すぐに役立つ——をモットーに創刊された。

そして昭和三八年、新しい時代の気運の中で、新書〝プレイブックス〟にその役目のバトンを渡した。「人生を自由自在に活動《プレイ》する」のキャッチコピーのもと——すべてのうっ積を吹きとばし、自由闊達な活動力を培養し、勇気と自信を生み出す最も楽しいシリーズ——となった。

いまや、私たちはバブル経済崩壊後の混沌とした価値観のただ中にいる。その価値観は常に未曾有の変貌を見せ、社会は少子高齢化し、地球規模の環境問題等は解決の兆しを見せない。私たちはあらゆる不安と懐疑に対峙している。

本シリーズ〝青春新書インテリジェンス〟はまさに、この時代の欲求によってプレイブックスから分化・刊行された。それは即ち、「心の中に自らの青春の輝きを失わない旺盛な知力、活力への欲求」に他ならない。応えるべきキャッチコピーは「こころ涌き立つ〝知〟の冒険」である。

予測のつかない時代にあって、一人ひとりの足元を照らし出すシリーズでありたいと願う。青春出版社は本年創業五〇周年を迎えた。これはひとえに長年に亘る多くの読者の熱いご支持の賜物である。社員一同深く感謝し、より一層世の中に希望と勇気の明るい光を放つ書籍を出版すべく、鋭意志すものである。

平成一七年　　刊行者　小澤源太郎

監修者紹介

永田美穂（ながた みほ）

中国・上海生まれ。日本経済新聞社（月刊誌編集）勤務後、仏教誌の編集主幹等を歴任しつつ、ＮＨＫや民放各局のテレビでも活躍。日蓮宗新聞社・編集委員やＮＨＫ学園「仏典講座」などの講師を経て、現在は執筆・講演に専心。主な著書に『日蓮聖人・女性への手紙』（日蓮宗新聞社）、『日本人のための仏教ガイド』（大法輪閣）、『日本人にとって神とは仏とは』（ごま書房新社）、『ブッダの教えと仏教のことがわかる本』（新人物文庫）、監修に『図説 あらすじでわかる！日蓮と法華経』（小社刊）などがある。

図説《ずせつ》　一度《いちど》は訪《たず》ねておきたい！

日本《にほん》の七宗《ななしゅう》と総本山《そうほんざん》・大本山《だいほんざん》

青春新書 INTELLIGENCE

2018年１月15日　第１刷

監修者　永《なが》田《た》美《み》穂《ほ》

発行者　小澤源太郎

責任編集　株式会社プライム涌光

電話　編集部　03(3203)2850

発行所　東京都新宿区若松町12番１号 〒162-0056　株式会社青春出版社

電話　営業部　03(3207)1916　振替番号　00190-7-98602

印刷・大日本印刷　製本・ナショナル製本

ISBN978-4-413-04530-8

こころ涌き立つ「知」の冒険!

青春新書 *INTELLIGENCE*

大好評! 青春新書の図説(2色刷り)シリーズ

図説

あらすじでわかる!

日蓮と法華経

永田美穂[監修]

なぜ法華経は「諸経の王」といわれるのか
末法の世を救おうとした日蓮の教えとは…
混沌の世を生き抜く知恵!

ISBN978-4-413-04292-5　1133円

図説

あらすじでわかる!

日本の仏教とお経

廣澤隆之[監修]

なるほど、そういうことだったのか!
宗派と経典の中味がすっきりわかる本

ISBN978-4-413-04265-9　990円

お願い ページわりの関係からここでは一部の既刊本しか掲載してありません。折り込みの出版案内もご参考にご覧ください。

※上記は本体価格です。(消費税が別途加算されます)
※書名コード(ISBN)は、書店へのご注文にご利用ください。書店にない場合、電話または
Fax(書名・冊数・氏名・住所・電話番号を明記)でもご注文いただけます(代金引換宅急便)。
商品到着時に定価+手数料をお支払いください。
〔直販係　電話03-3203-5121　Fax03-3207-0982〕
※青春出版社のホームページでも、オンラインで書籍をお買い求めいただけます。
ぜひご利用ください。〔http://www.seishun.co.jp/〕